学习，
就是找对方法

张超/编著

清华大学出版社
北京

内 容 简 介

这是一本关于学习方法的书，书中根据不同学生的学习特点，较为系统地给出了一些有关学习的具体实施方法。包括：

1 种高效的同伴学习实施方法；

2 类学习动机的经典分析；

3 步预习法的具体实施建议；

4 种有益的具体阅读方法指导；

5 个使你超水平发挥的答题技巧展示；

6 招让你拥有一个良好的学习习惯；

……

本书作者通过分析学生在学习过程中经常遇到的学习问题，给出切实可行的解决方案，提炼多年育人生涯中的教学精华，经过数百位学生的成功验证，学习方法贴近现实，简明易懂，让你看过就能用，细细品味更有收获。

图书在版编目（CIP）数据

学习，就是找对方法/张超编著．—北京：清华大学出版社，2013(2019.6 重印)

ISBN 978-7-302-33833-8

I.①学…　II.①张…　III.①学习方法-青年读物 ②学习方法-少年读物　IV.①G791-49

中国版本图书馆 CIP 数据核字（2013）第 215250 号

责任编辑：金书羽
封面设计：刘　超
版式设计：文森时代
责任校对：张兴旺
责任印制：杨　艳

出版发行：清华大学出版社
　　　　　　网　　址：http://www.tup.com.cn，http://www.wqbook.com
　　　　　　地　　址：北京清华大学学研大厦 A 座　　邮　　编：100084
　　　　　　社 总 机：010-62770175　　　　　　　　邮　　购：010-62786544
　　　　　　投稿与读者服务：010-62776969，c-service@tup.tsinghua.edu.cn
　　　　　　质量反馈：010-62772015，zhiliang@tup.tsinghua.edu.cn
印 装 者：山东润声印务有限公司
经　　销：全国新华书店
开　　本：165mm×230mm　　**印　　张：**16　　**字　　数：**159 千字
版　　次：2013 年 11 月第 1 版　　**印　　次：**2019 年 6 月第 12 次印刷
定　　价：35.00 元

产品编号：052674-02

走出学习误区，找对学习方法

作为老师，经常被问及的问题之一就是，"老师，学习怎么那么难？""老师，有没有好的学习方法，能够让成绩快速提高呢？"问这个问题的既有学生，也有家长。每每遇到这个问题，我都有一种一言难尽的感觉……

其实，学习是一件快乐的事情。我们却总是认为学习是一件"苦差事"，总是觉得学习过程"既枯燥又乏味"，在学校中"厌学"的学生比比皆是……问题到底出在哪里了呢？关键在于我们走进了学习的误区：

误区一：一味延长学习时间，忽视学习效率

有的同学学习非常勤奋，早上 5 点半就起床，晚上 11 点多才睡，然而，这样做的后果就是看书脑袋昏昏沉沉，上课昏昏欲睡，一上午就这样过去了。其实早起半个小时，只是获得一种自我满足感，却因此虚度了上午的 4 个小时，可以说是得不偿失。反观另一些同学，看起来"没怎么用功，下课打球，寝室聊天""轻轻松松"就取得了好成绩。这是为什么呢？原因就在于学习的效率。你花 2 个小时甚至更多的时间才能掌握的内容，他一小时就搞定了。所以说，高效学习，才是学习的至高境界。

误区二：不重视心理素质的锻炼

我有一个学生，在一次理综考试过程中，突然想起上一场数学考试似乎没有涂"科目"这一栏，结果非常紧张，心里一直想着到底有没有涂，于是一边默默地哭一边答卷。考完后立马问老师，老师说，没有涂不要紧，阅卷老师会帮你涂上的。然而，最终的结果出来，这名同学平时成绩保持在 250 分左右的理综，只考了 200 分不到。可见，心态多么重要。

在同学们的水平相差不大的情况下，心理素质往往比知识掌握程度更能决定成败。因此，平时的考试，我们应当把它作为提高自己心理素质的极好时机。把会做的题做好，不会做的题做完。良好的心态，有助

你考试超常发挥，取得理想的成绩。

误区三：急功近利地学习

俗话说，一口吃不成胖子。你要求自己从中游一下子跃进到学校前10名，或者英语成绩从90分一下子提高到130分，似乎也是一件不靠谱的事情，但很多同学往往忽视这一点，过于追求学习效果的"立竿见影"。殊不知，学习是一点一滴踏踏实实积累的过程，学习的过程也是一个量变引起质变的过程。在学习上，制定每次考试赶超自己，赶超前面两位同学，每次考试提高10分，每次进步一点点的策略，保持这样的学习节奏，学习就不会累，踏踏实实按部就班，就可以轻松地度过中学阶段。

误区四：一味追求做题数量而忽视质量

一定数量的题目练习有助于我们加深对知识的掌握和运用，但不少同学沉迷于"题海战术"，囫囵吞枣，食而不知其味。所以说，做题不必太多，但一定要真正理解，明白考核方向、解决问题所用到的知识，并且最重要的是要能够举一反三，融会贯通，做较少数量的题就能收到很大的成效。否则，你就只是在"记题"，而不是"解题"了。

归根结底，就是陷入了错误的学习方法中。学习成绩提高不了的真正原因，不是脑子笨，不是不用功，不是没家教，不是解题少，不是资料少，而是没有找对正确的学习方法。据调查发现，绝大多数成绩优秀的学生，都有自己一套非常明确、详细的学习方法。要想提高学习成绩，掌握科学、高效的学习方法才是关键。而每个人的学习过程、学习习惯都是不一样的，因此，没有任何一种所谓的学习方法是具有普适性的，也就是说，所谓最好的学习方法，其实就是根据自己的特点和习惯而找到的适合自己的学习方法。

走出学习误区，找对学习方法，你会发现，学习没有那么难，提高成绩，其实就这么简单。

我一直很喜欢这样一个故事：

老鹰是世界上寿命最长的鸟类，它一生的年龄可达 70 岁。要活那么长的寿命，它在 40 岁时必须做出困难却重要的决定。当老鹰活到 40 岁时，它的爪子开始老化，无法有效地抓住猎物。它的喙变得又长又弯，几乎碰到胸膛。它的翅膀变得十分沉重，因为它的羽毛长得又浓又厚，使得飞翔十分吃力。它只有两种选择：等死，或经过一个十分痛苦的更新过程。

150 天漫长的操练。它必须很努力地飞到山顶，在悬崖上筑巢。停留在那里，不得飞翔。老鹰首先用它的喙击打岩石，直到完全脱落。然后静静地等候新的喙长出来，它会用新长出来的喙把指甲一根一根地拔出来。当新的指甲长出来后，它便把羽毛一根一根地拔掉。5 个月以后，新的羽毛长出来了，老鹰开始飞翔，重新再过 30 年的岁月！

作为万物灵长的人类，飞速发展的科技让我们可以从容地面对自然界的各种挑战。在我们的生命中，我们会碰到比学习更难于对付的事情，你当下苦苦纠结的事情，过一阵子再看，也许觉得不过如此，学习也是这样。只要我们愿意放下旧的包袱，愿意学习新的技能，我们就能发挥潜能，创造新的未来，重新飞翔。

CONTENTS | **目录**

第一部分　学习动力

超哥说：

把学习本身看做是生活的一个组成部分，把学习的过程看做是一件有意义的事情，我想这样的学习动机实际而又令人敬佩，也是由于有了这样的学习动机，才能使他脚踏实地不断努力，在学海畅游，不断提升。

第二部分　学习心态

15 / 第2章　发现学习的快乐

超哥说：

学习是一件快乐的事情，因为学习的过程是可以给人带来"改变"的过程。

超哥说：

一个人舍我其谁的气势，来自于其自我肯定的信心，同时，由于这种气势的存在，自然会使人们在处理问题的时候更加冷静而有效，因此人们可以在不断的处理问题的过程中得到肯定的自我评价，从而使自己的自信更加强大，进入到一个良性循环的体系中。

超哥说：

学习是一个长期的过程，甚至会伴随我们的一生，如果没有持之以恒的坚持，一切的一切都是虚妄的，因此说坚持是最好的学习习惯，是帮助我们通向成功最稳定的基石。

第三部分　学习方法

73 ／第5章　效率：管理时间，高效学习

超哥说：

我心目中"理想的学习节奏"是：踏下心来，安静认真地学习，学习过程中心情舒畅，整个学习过程一鼓作气，直到将自我预期的学习任务完成为止，中间不间断。

超哥说：

在进行预习时，请不要大量做题（如果是复习内容的预习，可以适当做一些题目，帮助提示预习的思路和知识点），尤其是针对新学知识内容，做题会使你的预习思路禁锢在题目上，不利于整体知识的理解。

超哥说：

课堂是获取知识最为有效的场所。课堂中老师对知识结构的清晰整理，对知识点的透彻讲解，都会对你的学习起到事半功倍的作用，由于老师的存在，课堂中学习知识的效率会比你自学提高几倍甚至更多，因此抓住课堂学习是高效学习的关键。

超哥说：

老师的讲解和课堂笔记的记录是重点知识抽提的过程，是"把书从厚读到薄"的过程，而复习则是需要在对笔记进一步梳理清晰的基础上进行更多细节知识补充的过程，是一个"把书从薄读到厚"的过程，因此复习过程中，笔记的整理和补充是一个很讲究的过程。

超哥说：

运用"有效的复习"并"重复"的方式加强记忆。心理学研究发现，我们的记忆是有规律可循的，这个规律叫做遗忘曲线，"及时复习"和"重复"对于记忆的加强至关重要。

141 / 第 10 章　优等生这样学各学科

超哥说：

其实任何科目，都是从记背开始的，尤其是理科，更需要记背足够多的"素材"后，才能够游刃有余地进行逻辑推理。

第四部分　应试技巧

超哥说：

一定要做题并进行错题整理。这一点对于高考的复习来说至关重要，因为在高考复习的最后（二模或三模以后），几乎所有人都会有些茫然，在这个时候，错题整理将是最最有效的复习工具。

超哥说：

得分点的设计原则很简单，就一句话："'慢'做'会'，全做对；敢于去'拼'中等题，敢'放'全不会！"

199 / 附录　学生自述—— 我自己的学习方法

第一部分

学习动力

第 1 章

你在为谁学习

🎥 镜头一：周平的学习故事

我曾经和一个学习成绩很好的学生周平聊天，我问他："你觉得学习是一件很痛苦的事情吗？"他说："没有，我觉得学习是一件很有意思的事情！"这个回答让我有些意外，所以我接着小声问他："那你为什么觉得学习很有意思呢？"他很真诚地看着我，然后说："真的，超哥，我真的就是觉得学习不是什么痛苦的事情，我也不是想炫自己，再说也没什么可炫的，我就是觉得学习确实有它有意思的地方。"

我想想周平平时的表现，确实不是那种会拿学习成绩来炫耀自己的学生，自己觉得有些惭愧，于是换了一种猜测继续问："那你觉得学习有意思，是不是因为你有什么更高的追求和理想？"

周平笑了笑，说："超哥，你也太看得起我了，我还真没想过那么远，我真心就是觉得学习挺有意思，挺好玩，学习对我来说就是一件让我挺舒服的事情，我感觉学习就是我生活的一个组成部分，如果非要说为了什么的话，那就算是为了我自己吧！"

周平的话朴实无华，真切而毋庸置疑。把学习本身看做是生活的一个组成部分，把学习的过程看做是一件有意义的事情，我想这样的学习动机切合实际而又令人敬佩，也是由于有了这样的学习动机，才能使他脚踏实地不断努力，在学海中无限畅游，不断提升。

🎬 镜头二："我"的学习故事

这是我自己上学时候的故事。我上高中的时候，我们班里有一种学习风气：互相比"不学习"，但最后还要比谁成绩好！说白了是一种炫耀的虚荣心在作怪，在学校表面上不学习，但自己在背地里下工夫，最后考一个好成绩，能够在别人面前炫耀自己的"聪明"。

当时的我们就是这样的，在学校大家聚在一起打篮球、踢足球、聊闲天……总之是不会一起学习的，甚至还会把班里正在学习的同学叫出来一起玩，如果别人不过来玩，还会奚落别人是"就知道学习的学霸"。虽然表面如此，但我们上课的时候是绝不会走神的，并且回家之后自己会认认真真地玩命学（住校的同学会在熄灯后在自己的被子里打着手电筒玩命学），将在学校还没有完成的内容拼命找补回来，因此等到考试的时候，我们的成绩都非常好，在大家"诧异"的眼神中，我们的"虚荣心"会得到极大的满足，回过头来想想，当时的想法和做法确实很狭隘，很幼稚，不过在当时，由于有着"炫耀"的动力作为支撑，就学习本身而言，那时的目标是极其明确的，那时的态度是极其端正认真的。多年以后，回头想想，觉得那时的基本初衷确实有些孩子气，然而也因为那时的孩子气，使当时学习的成绩有所提升，因此把这个另类的例子分享给大家。

镜头三：钱学森的学习故事

在这个故事中，我想向大家介绍一位老科学家——钱学森先生。关于钱先生的生平和具体事迹你可以很容易地在网络上或者相关书籍上查找到，这里我就不再赘述，在这里我是想聊一聊钱先生的学习动力。先生中学时代在北京师大附中度过，后留学美国并学成回国，为祖国航空航天事业作出了极大的贡献，纵观他的学习历程，我们不难发现，先生始终是有一种"学习的情感"支撑的——从"对学问的探求"到"对科学精神的求索"，最后到"为人类造福，为社会作贡献"的责任感，整个过程，我们可以清晰地看到"学习动力"的提升，从这个过程中，我们同时也可以感受到"满足社会乃至全人类需求"的大理想也是可以很好地为我们"学习动力"提升提供动力保障的。

■ 找到你的学习动力

从上面的例子中不难看出，学习动机是学习的第一推动力，是我们不断前进的保障。学习没有动机，就好比一辆没有能源供应的汽车，永远也不可能走多远。

学习没有兴趣，问题其实主要出现在学习目的和学习动机上。简单来说，就是没有解决好为谁而学的问题。

如果划分学习动机，可以分为两大类。一类是高尚、长远的学习动机；另一类是个人、现实的学习动机。这两种动机都是促使我们努力学习的推动力。

首先，要想提起学习的劲头，就要不断地端正学习的动机，真正形成高尚、正确和长远的学习动机。这种转变和形成过程，一般指的就是立志过程。

大家不妨去翻翻历史和现实生活中，为人民作出了巨大贡献的人物传记，将会从中受到很大的启发。他们学习的劲头，顽强奋斗的精神，往往与中学时代立下的崇高志向有关。他们勤奋学习和刻苦钻研的劲头，来自振兴中华、富国强民的正确动机。有了这种动机，学习的劲头就会经久不衰。

当学习上升到一个更高的境界——自觉的阶段时，学习就会获得源源不断的动力，学习提不起劲来的现象就不容易出现了。当然，我们也可以从自身现实的角度来考虑为谁学习的问题。

如果我们暂时不谈远大的理想，那么在生活中，我们的学习是为谁而学？如果能够回答清楚这个问题，或许每个同学对于学习就会有完全不同的感受。我们不是在为别人学习，不是为父母，也不是为老师。当然，在学习上，父母和老师显得比你还要着急，这会让你误以为你的学习会给他们带来什么好处，事实上，他们只不过是在为你的未来着想，而你却不知道为自己的将来考虑。

要知道，自己走过的每一步路，都是在为将来打基础、做准备。父母老师是出于爱和责任才督促你学习的，学习的受益者只会是你自己。只有弄清楚了"为谁而学"的问题，你才能真正明白学习的含义，才能找到学习的动机。

■ 激发学习的欲望

欲望是你行动的原动力。通过问自己以下六个问题，可以激发学习的欲望。（这一点非常非常重要）

第一个问题：我的学习动机是什么？

也许你平时不太注意或者没有刻意去想自己学习是为了什么，那么现在，请你仔细想一想，你的学习动机是什么？写下你的真实想法，然后与你的同学一起分享。

_____

_____

_____

第二个问题：我现在够不够努力学习？

_____

_____

第三个问题：不努力学习会怎么样？

关于这个问题，给自己 5 分钟时间，什么都不要想，拿出笔在纸上写下所有你能想到的答案，不要停。

第四个问题：我最害怕什么？

同样 5 分钟时间，拿出笔在纸上写下所有你能想到的答案，不要停。

第五个问题：如果我继续不努力学习会不会导致自己最害怕的事情发生？

想办法把不努力和最害怕的产生关联。做到这一步你应该就有不努力学习的痛苦了，也就有动力了。但还不够。

_____

_____

_____

第六个问题：如果从现在开始努力学习，自己能得到什么好处？最好还是限定 5 分钟时间，写在纸上。

_____

_____

_____

■ 梦想自我激励法

有梦想，才会有学习的动力。如果缺乏自我激励，学习就会成为被动的差事。我们要提高学习成绩，首先要学会激发自己学习的热情，优化自己的学习状态。如何做到这一点，同学们可以尝试以下的方法：

（1）填写人生坐标图

如果你学习并没有什么明确的目标，你可以采用填写人生坐标图的方法找到自己努力的方向。具体方法是：在纸上画出横竖两条数轴，在坐标的左上角上写出自己以前"成功实现的事情"。在坐标的左下角写出自己以前"遭遇的挫折和失败"。总结这两项，分析自己的优点和缺点，然后在坐标的右上角上，列出自己"未来想做的事情"，作为自己努力的目标和方向。

（2）梦想激励法

心理学研究发现，我们可以运用梦想来激发自己努力学习。首先，闭上眼，仔细想像自己梦想成真时的情景，那时你身在何处，有什么感受？是什么样子？穿着什么衣服？把这一切尽可能清晰地在脑中描画。记得要不断地重复想象，有时间随时随地不断地确认你的梦想，不断地想着你的目标，这样，你会感受到巨大的精神激励，进而将它转化为学习上的动力，通过自己的不懈努力，去把美好的梦想变为现实。

（3）为目标写日记

写学习日记是一种很好的激励方法，能让你对自己的学习更有目标规划，更有坚持性。你可以在日记中写下自己每天的学习情况，以及你对此的评价、感受。在学习中应吸取哪些经验教训，有什么改善学习的方法，也可以写下来。通过这种自我交流，你会对学习更有毅力和信心。过一段时间以后，再回过头看以前的日记，可以见证你的学习成果和取得的进步，你会因此深受激励，充满成就感。

（4）用榜样激励自己

苏轼说，"古之成大事者，不唯有超世之才，亦必有坚忍不拔之志。"古今中外凡有所成就的人，大多都要通过坚持不懈的努力。找一个你特别佩服的对象，读读他的传记，了解他是如何成功的，以他为榜样，用榜样的力量激励自己持之以恒地努力学习。

 超哥说：

　　把学习本身看做是生活的一个组成部分，把学习的过程看做是一件有意义的事情，我想这样的学习动机实际而又令人敬佩，也是由于有了这样的学习动机，才能使他脚踏实地不断努力，在学海畅游，不断提升。

第二部分

学习心态

第 2 章

发现学习的快乐

🎬 镜头四：学习的烦恼

聂磊是一个让老师和父母头疼的孩子，因为他有一个毛病：上课时爱睡觉，平时一学习就感觉累。父母总是抱怨儿子不争气，平日里没少批评他，可聂磊依旧我行我素，就是对学习不感兴趣。他的妈妈曾经采取过"督学"的办法，在儿子学习时搬一把椅子坐在他旁边，可效果不好，还弄得母子关系紧张。

但是聂磊并不是一无是处，他非常爱好体育和美术，各项运动成绩在全校都是出了名地好，他画的画还在区里展览过。有一次聂磊感冒了，拉肚子，却一定要坚持上学，因为那天有体育课。为此，聂磊的父母不禁连连感叹，要是儿子能把踢球、画画儿的精神转移到学习上该有多好！

■ 兴趣是最好的老师

事实上，像聂磊这样的学生并不少见，很多同学都有自己的爱好，而且都在这一方面有了一些成果，但就是不爱学习，一拿书本就没精打采，仿佛是中了什么邪。

对于同样的学习，为什么有的同学能乐此不疲、全神贯注，有的则感到苦不堪言、心不在焉呢？就是由于有强弱不同的学习兴趣造成的。当一个人被迫做一件不感兴趣的事情时，往往还没做呢，就开始累了。接下来去做，就更累了。而且一边做心里还有怨气。科学研究表明：如果一个人对所从事的活动有兴趣，那么，他的积极性就高，就可以发挥其全部才能的 80%；如果一个人对他所从事的活动没有兴趣，那么，他的积极性就低，只能发挥其全部才能的 20% 左右。对于学习当然同样如此。这样一想，你就知道自己为什么一学习就愁眉苦脸的原因了，因为对学习没有兴趣，准确地说，是你没有找到学习中的兴趣。

兴趣是最好的导师，这已经是一条公理了。自己感兴趣的学科，就一定会多学多看，精力也更投入，遇到不懂的地方一定要弄明白，在这个过程中就会获得快乐。有不少同学厌学，学习成绩不好，就是没有从学习中找到乐趣，事实上，甚至许多成绩不错的同学也不例外，他们之所以取得了好的成绩，更多地因为有外在的压力，或者意志力比较坚强。这样得来的好成绩，是谈不上快乐的。如果因为求知而被剥夺了快乐，在苦学的状态下学习，缺乏认知的需要，那么，他们便会产生厌学情绪。

■ 昆虫学家法布尔的故事

法国昆虫学家法布尔，从小就对昆虫产生了浓厚的兴趣。有一天夜里，他提着灯笼，蹲在田野里，观看蜈蚣怎样产卵，一连看了好几个小时，他忽然感到周围越来越亮，抬头一看，原来太阳已经从东方升起。还有一次，法布尔爬到一棵树上，聚精会神地观看螳螂的活动。突然他听到大树下有人大喊"抓住他，抓住这个小偷！"这才使他大吃一惊——原来人们竟把他当做小偷！法布尔为什么对昆虫的观察研究如此入迷？因为他对昆虫研究产生了浓厚的兴趣。

兴趣是人们力求认识某种事物或爱好某种活动的倾向。这种倾向总是和一定的情感联系着的。法布尔从小对昆虫活动产生了兴趣，激发了他终身研究昆虫的志向，写下了巨著《昆虫记》，对昆虫学作出了巨大的贡献。在学习过程中，学习兴趣与学习效果之间有着密切的关系。浓厚的学习兴趣可以使学生对学习充满热情、能主动克服各种困难、全力以赴地实现自己的学习愿望。如果对学习不感兴趣，仅仅由于强制而求知，则味同嚼蜡，苦不堪言。

■ 学习是一件快乐的事情

学习是一件快乐的事情，因为学习的过程是可以给人带来"改变"的过程。

我曾经是一个"偏科"很严重的学生，由于兴趣的关系，会对自己感兴趣、自己做得好的学科格外偏重，因此造成了某些学科的学习顺风顺水，成绩很好，而某些学科的学习则一塌糊涂，成绩很烂。很长一段时间里，我都对这种偏科学习状态不以为然，甚至洋洋自得，觉得那些我不喜欢的科目学来也没有必要，将自己喜欢的科目学习好既体现了自己有足够的学习能力，又能反映出自我强烈的个性，挺好的！

后来一件事情的发生让我改变了想法：那是一个名为"化学与城市设计"的讲座（我当时对化学这个学科很是痴迷，当时的我除了化学，其他学科都比较差），讲座的教授娓娓道来，从化学学科入手讲到了美学、数学、社会学、历史学、人类学、哲学等相关知识，最后讲到了城市设计与规划，整个讲座深深地打动了我，讲座让我了解了很多我原来未曾听说过的化学应用，同时这个讲座也使我真正理解了"学习"的真谛。我深刻地认识到：人应该是丰富而多元的，不要僵化在某一学科或者某一方面的思维框架下，应该突破框架，让自己的视野变得开阔，让自己的经历、阅历变得丰富，让自己的思维变得多元，让自己的知识面变得广阔。

因此，在学科学习中，"不能偏科"是基本要求，因为对于我们思维多元性的改变，不同学科会有不同的作用，多学科的通识学习，是使我们思维变得多元、知识面变得广阔的基础。在"不偏科"的基础上，最好让自己的学习过程也变得多元起来，读书、聊天、听讲座、看电影、旅行等等其实都是在"学习"。

认识的突破，改变了我的学习和做事风格。从那以后，我的学习和做事的基本思路变成了以下模式：**问题引发兴趣→兴趣带来关注→关注带来思考→思考带来拓展→拓展带来思维更新→思维更新带来新的兴趣→新的兴趣带来新的关注→新关注带来新思考→新思考带来新的拓展→新拓展带来新的思维更新……**一个不错的良性循环，每一个过程都是自我丰富的思考和学习过程！

作为老师，从教育的角度看，我认为的理想教育是：教育者能够不断地自我丰富，进而为学生的更加丰富创造平台。基于这样的思考，作为"学生"的我，也会通过不断的"学习"，让自己变得更加丰富，更加广博，更加多元。

■ 同伴学习——同龄榜样，你追我赶

如果遇到问题时没有办法通过自我阅读及时解决，或在比较长的时间内很难找到老师帮助答疑解决（比如在寒假、暑假中遇到问题），我们应该怎么办呢？

其实，比自己阅读学习和老师答疑更为有效的学习方法是同伴学习！所谓同伴学习，顾名思义，就是与一群水平相当的朋友们结成小组，共同探讨学习问题、共同提高的学习方法。这样的学习方法，比自己的阅读学习更为开阔自己的思路，因为同龄的朋友们每个人的不同思路都会给你以启示，是以在问题探讨过程中有更深入和更广阔的思维过程；不但如此，同伴学习过程还比老师的答疑指导更直接、更放松、更有效率地解决遇到的问题，因为同龄的朋友们在一起讨论比老师更容易切中问题的关键（老师的思维很难与学生的思维平行，很多时候老师的指导总是找不到学生问题的具体发生点上），可以更加高效地解决问题，同时，朋友们在一起也没有什么拘束感，思维也更加活跃，在放松的讨论

中可以使得问题的解决事半功倍。

　　这时有些同学和家长可能开始担心一群同龄的朋友在一起还会学习吗？会不会一群人开始玩上了，使学习的效率更加低下呢？我能理解，家长的这种担心显然是不无道理的，我们在实际情况下也确实会看到很多同龄的朋友在一起玩闹，很少看到他们在一起用心学习。但"没看到"并不代表"没有"，从老师的角度看，只要学生们有足够的兴趣（或者动力），他们之间的同伴学习是很容易发生的。我经常能够看到学生们之间因为一个问题的不同见解而各持己见的辩论不休，并且通过辩论他们几乎每次都能将问题很好的解决；我也经常看到因为要为更多的同学讲解问题而促使多名同学在一起认真"备课"，那种专注和认真是很令人震撼的，当然，由于他们自己认真的准备，自然可以很好地帮助更多的同学解决问题，同时也使自己的学习能力、表达能力、思维能力等各个方面得到提升……

　　那么如何保障有足够的兴趣和动力进行同伴学习呢？下面需要家长和同学们注意以下几个原则：

　　（1）信任。这里说的信任包括两个方面的内容，其一是家长对孩子的信任，作为家长，千万不要想当然地认为孩子们在一起就是玩，甚至有些家长还会偷偷的去窥探孩子们是不是在学习，这样一旦被孩子们发现，不但会影响你在孩子们心中的美好形象，更会使他们失去同伴学习的兴趣和动力，最终产生逆反而放弃同伴学习过程。希望家长能够设身处地为孩子们考虑考虑，假想一下，当您是孩子的时候，如果家长这样对您，您会是一个什么样的感受呢？比较好的做法是：作为家长为孩子提供好吃的和喝的，然后提醒一下孩子们今天需要完成的任务，并且在出门前最后说一句，你们过得高兴点就行了。当然，如果家长能够说一些自己经历过的同伴学习感受和方法那是更好的，但这样的感受和方法，最好放在平时闲聊的时候，而不是孩子马上要出门的时候。其二是同伴之间的信任，也就是说，进行同伴学习时，同伴之间应该是一种相互信任的状态，所以最好在分组的时候选择和自己要好的朋友们，朋友间的相互信任会使很多在学习过程中遇到的问题迎刃而解。

（2）分组。建立适合自己的同伴学习组合的另一个重要基础，就是分组，分组的基本原则除了前面所说的最好是相互信任的朋友以外，还需要格外注意另外四个重要原则：

① 互补。因为同伴学习的目的是促进大家的学习，所以，在一个小组中最好大家是互补的，包括学习科目的优劣（不同学科都有相对有优势的同学），思维方式的多元（不同的同学可以从不同的角度看待同一问题），性格特点的不同（性格特点的不同会带来学习方式的互补，如性格大气的学生往往会更注重整体性而忽略细节，性格细致的学生往往会注重细节而忽略整体联系）。

② 小组成员水平相当。说得明白一些，就是一个小组学习团队中的每一个成员在讨论问题的时候都能够完全参与进来，这样就需要小组

中各个成员解决问题的基本水平相当，不要有过大的差距，因为过大的差距不但会造成成员之间的信任危机，而且会严重影响学习的效果。

③ 控制人数。参加同伴学习分组的人数不宜过多，也不宜过少。过多的人会在问题讨论和解决过程中造成简单问题复杂化的状态，并且过多的人员参加会使得学习的效率变低，而如果参加同伴学习讨论的人员过少，又会造成解决问题的局限和任务分配时的负担过重等问题，因此，建议参加同伴学习的组合人数在 4～5 人为宜。

④ 相对固定。建议参加同伴学习的小组成员相对固定，不要经常性地增添、减少或者替换人员，因为人员的经常性变动会造成整个学习小组成员之间相互适应的不断变化，从而会降低学习效率。建议在组成同伴学习小组的时候一定要相互了解好，并且在组成小组之后设定一个相互适应的缓冲期（缓冲期一般时长为 2 周，也可以设定为共同讨论 5 次），在这个缓冲期限内，小组成员可以通过协商讨论的方法相互了解，相互适应，求同存异，确实无法合作的情况下再进行微调，一旦同伴学习小组确立后，就可以着手设定共同的计划任务，按部就班地进行学习活动了。

（3）设定计划任务。这一点对于同伴学习过程至关重要，因为如果没有固定的计划任务和分工的话，同伴学习过程是很难保障效率的。在设定计划任务的时候，有以下几点需要注意：

① 长期计划目标、短期计划目标与即时计划目标相结合。制定计

划的时候需要制定一个较为长期的同伴学习讨论计划，如以半学期或一学期为单位，制定这一较长时间段的学习计划，这样的计划最长单位不要超过一学期，因为过长的计划（如制定 3 年的同伴学习计划）对于同伴学习过程来说意义不大，并且往往会成为没有约束力和执行力的空计划，一学期的时长已经是长期计划的最长时限了。另外制定长期计划的时候，建议采用目录式的制定方法，即只需要根据学期任务，列出一个大概的时间范围需要完成的大块内容目录即可，不用过细；除了长期计划，还需要一些更具有操作性的短期计划，一般情况下，短期计划是根据同伴学习小组自己的具体情况进行制定的，如可以以一周为单位，根据学习内容，设定小组讨论的次数（如一周讨论三次）、设定每一次需要完成的具体任务目标（如解决某一科目某一节的问题等），这样的短期计划可以根据实际的学习情况进行变化调整，灵活实施，建议在完成某一短期计划的最后一次讨论时，制定下一阶段的短期计划；为了更好地进行同伴小组学习，提高小组学习的效率，除了长期、短期计划以外，最重要的是制定即时计划，所谓即时计划，顾名思义，就是以一次讨论作为基本单位的小计划，当一次讨论结束时，小组成员们可以讨论并约定出下次讨论的计划任务，这个就是即时计划。即时计划的作用是使得参与同伴学习的每一个人都能明确下一次的具体任务，当然，在每次讨论之初，需要进一步明确本次的即时计划，如果与上次讨论制定的即时计划一致，那么按照计划实施即可，但如果需要进行调整，一般选择合并两个即时计划的方式进行。最后，还有最最重要的一点，就是制定长期、短期和即时计划的时候，一定是小组成员共同参与制定的过程。

② 设定好讨论时间和频率，这一点在制定计划那一部分就涉及一些，这里专门把它提出来做特殊说明，显示了这一点的重要性，因为没有时间的保证，很难达到同伴学习的效果。在长期计划和短期计划中，设定讨论的时间和频率都是很重要的，以高中知识的学习为例，如果希望通过同伴学习的方法很好地解决问题的话，小组共同讨论的时间和频率，建议每周至少拿出 3 个较为固定的时间进行讨论学习，每一次的讨论时长不低于 1 小时，注意，是以小组为单位有计划、有任务地共同讨论，其他三两个同学就某一问题的平时小讨论并不计算在内。还有，如果在短期计划和即时计划调整的时候，发现原计划不足以完成相应任务目标，建议适当增加同伴学习的频率，但最多不要超过一周四次，因为每一个学生都需要有一些自己学习的时间，才能很好地将所学的知识进行自我的消化和吸收。当然，如果觉得一周三次过于频繁，你完全可以根据你们的任务和实施过程减低频率，但最少不要少于一周一次，因为小组成员间的讨论也是需要不断磨合的过程。

③ 分配好讨论任务，不要过多。制定即时计划的时候，有一点必须再单拿出来说一说，那就是针对下一次的即时计划，在一次讨论结束的时候，要进行下次讨论的任务分配：根据你们所指定的即时计划，结合每一个人的特长，分配好具体到每一个人身上的学习任务，这样才能

使得你们下一次讨论有的放矢，才能使你们下一次讨论更具有效率，小组的每一个成员得到任务后，都需要特别认真地准备自己的内容，并保障能够在下一次讨论过程中为其他小组成员带来新的启示。当然，分配的任务可以是较灵活的，可以是读某一部分书，可以是处理某一部分习题，可以是解决一个典型问题，可以是写一篇文章，也可以是准备一些单词……总而言之，根据小组制定的长期计划、短期计划和即时计划，有利于帮助完成计划的任何任务都是可以的，这个过程小组成员可以进行创新和改进。关于任务分配最后需要特别提出一点，那就是分配到每一个人头上的任务一定不要太多太重，最好是在作业中的某一个部分，因为每一个人都还有很多事情需要做，所谓的讨论任务其实就是大家在完成"共同本职工作"过程中，一些需要特别留意和深入思考的内容。我们通过同伴学习，将这些需要进行深入理解的内容进行分解，使每一个人只是努力解决其中很少的一部分内容，那么每一个人也就都有精力来把自己所分配的那一部分内容完成好，当整个小组在讨论的时候，就会产生"1+1>2"的效果，使每一个人花了较少的时间，却得到了很大的收获。当然，如果在完成自己所分配任务的基础上，还有时间和精力探讨其他问题的话，那是再好没有的事情，但如果没有时间和精力探讨其他问题了，那么请相信你的同伴们，他们的努力一定会让你收获良多。

（4）留有娱乐时间。大家在一起讨论学习，其实最重要的是为了快乐，所以，在制定各种计划时（尤其是制定即时计划的时候），建议不要把时间用得过满，每一次讨论都要留有一定的娱乐时间，聊聊天、打打球之类，把每一次学习讨论都变成一次快乐的 party，这样会使得同伴学习的效果变得更好，当然，建议娱乐活动也不宜时间过长，同时一定要在完成讨论任务以后进行。

最后，用最简单的 4 句话为同伴学习的方法和原则做一个结语，希望能对大家有所帮助：

第一句：不要每天进行（要给自己留出反思的时间，避免依赖，至多一周 4 次）

第二句：带问题进行（有任务，有自我学习过程，有问题积累后再进行讨论，有的放矢）

第三句：固定人员（人不要多，4～5 个最佳，志同道合）

第四句：限定时间，预留出时间"玩"（先讨论，后玩）

■ 会休息不用多休息

这里说的休息是指的"身体"的休息，学习本身是一件很费体力的事情，身体才是这一切的基本保障，以高三的学习为例，在我们老师看来，高三复习过程，尤其是到了最后的冲刺阶段的时候，由于复习的不断加强，同学之间在知识层面的差异已经变得非常微小，再加上同一个学校的学生智力水平几乎相差无几，但在成绩上，这个时间段却会出现一次非常大的两极分化过程，这种学习上的差异其实主要是来自精力和体力的差异，在复习冲刺的最后阶段，如果你每天精力旺盛，那么就可以保障你非常高效地完成听课、作业等任务，这些任务的高效完成会让你的成绩出现一次质的飞跃，这种飞跃会让你变得信心满满，以更加自信的状态面对学习，从而进入到一个良性循环的状态中，即"**精力旺盛→成绩提高→自信增强→学习游刃有余→更加精力旺盛→成绩再度提升→更加自信满满→学习更加游刃有余→精力更加旺盛……**"

相反地，如果这个时间段中，你没有很好的精力和体力面对各种学习任务，很容易就会被拖进一个相反的恶性循环中，即"精力体力不济→任务不能保障完成→学习成绩下滑→丧失自信→学习变得更加困难→更加疲于奔命难以应对→造成身心更加疲惫……"通过这样的对比我们不难发现，保障身体的良好状态，使我们始终处于精力体力充沛的状态中，对于我们的学习是多么地重要！

那么，如何保障我们身体状态的良好呢？方法很简单，那就是学会休息！每个人对于休息的理解可能都是不一样的：有些人认为休息就是睡觉，有些人认为休息就是打游戏，有些人认为休息就是旅行……无论你怎么理解，对于学习而言，这里所强调的"休息"主要指向两个内容——睡眠和锻炼。

千万不要小看"睡眠"，这里的学问还是很大的，建议你到图书馆或者在网上找一些有关睡眠的资料学习一下，你会发现睡眠的作用是非常大的，尤其是对我们大脑和身体的休息、休整、恢复具有重要意义，科学提高睡眠质量，是保障充沛精力和体力的最佳途径，说到睡眠质量的提高，我们必须从"睡眠深度"和"睡眠长度"开始说起。我们都应该有过这样的体验，在非常劳累的时候，想睡觉却总是很难睡着，即使睡着了感觉也像没睡觉一样，而且很快就醒了，这样的睡眠非但没有起到休息的作用，反而使自己的疲劳感更加强烈；相反的，好的睡眠应该是一种入睡容易，睡着后睡得很深沉，深沉的睡眠时间足够长，睡醒后自我感觉舒爽而精力旺盛，这个对比中提到的，"睡着时的感觉"指向的就是睡眠深度的问题，"深沉的睡眠长短"指向的就是睡眠长度问题。相对比较快地进入到深度睡眠和保障足够长时间的深度睡眠，是提高睡眠质量的关键。下面给一些提高睡眠质量的小方法供大家参考：

（1）规律。让自己的生活有规律，让我们的身体也在一种适应的节奏中运行，该学习的时候学习，该娱乐的时候娱乐，该休息的时候休息……这样有规律的学习和生活，会使你身体的"生物钟"准确运行，这样的好节奏当然是良好睡眠质量的有力保障。

（2）"微累"。顾名思义，"微累"的意思就是不要过于劳累，就像前面说的，过于劳累反而会使得我们的睡眠质量降低，"微累"的标准稍微是感觉到有些疲惫的时候就要休息了，尤其是在你有规律的生物钟还没有建立起来之前，"微累"就是提醒你休息的信号，"微累"的状态是不会影响到你良好睡眠质量的，甚至在你睡眠质量不佳的时候会帮助你提高你的睡眠质量。

（3）"高兴"。这个词显然指向的是你的心态调整，"纠结"的人往往睡眠较浅，睡眠时间较短，自然睡眠质量不高，"想得开"的人一般情况下睡眠质量都是较高的。调整好自己的心态、做事拿得起放得下、不在小事上斤斤计较……这些都是提高睡眠质量的法宝，希望大家记住一句话：心态好，睡得就好，睡得好，身体就好，身体好，一切都会好！

■ 坚持体育锻炼

除了提高睡眠质量，"休息"还包括另外一个非常关键的内容，就是锻炼。不同人对于锻炼的理解也是不同的：有些人认为有氧运动（快走、慢跑等）是锻炼；有些人认为剧烈的运动（打篮球、踢足球等）是锻炼；也有人认为健身就是锻炼……大家理解的锻炼都和我这里强调的锻炼不冲突，选择自己习惯和喜欢的锻炼方式进行锻炼即可，但对于"休息"指向的锻炼而言，这里需要给大家提供一些锻炼时需要注意的基本原则：

（1）选择自己喜欢和善长的锻炼方式进行。你选择的锻炼活动应该是可以让你身心愉快的项目，是你的兴趣所在，也是你的长项内容，这样的锻炼不但可以起到让你身心得到休息的作用，同时在锻炼中也会让你感到快乐，让你的自信得到满足和增长。

（2）建议"锻炼"具有一定的规律性，持之以恒。锻炼身体作为休息的一个重要手段，绝不是一个急功近利的事情，偶尔的一次两次的锻炼不但不会起到休息的作用，反而会加重自己身体的负担而使自己更加疲劳，建议选择适合你的锻炼项目，并有规律地，持之以恒地进行，这样的锻炼活动才能真正对你的"休息"提供保障。

（3）锻炼到让自己"微累"即可。不要因为锻炼而让自己变得疲惫不堪，锻炼的标准就是我们在前面提到的"微累"状态即可，当身体感到微累的时候，那么就需要停下来休息。总结起来就是：你喜欢和善长的、能够让你持之以恒进行的、能够让你投入的、能够让你增加自信的、能够让你微累的锻炼就是适合你休息的锻炼方式。

■ 学会进行心态的微调

需要提醒大家的是，心态是会随着环境的变化而不断变化的，如果能够及时地进行调整，使自己的学习心态始终保持在一个相对比较好的状态中，自然会对学习具有促进作用。人作为感性的动物，有些时候可能一句话、一个眼神、一个动作就会对心理造成一定的影响（尤其是对那些特别敏感的人），并且有可能需要很长时间才能从这种影响中调整过来，在学习的准备过程中，如果出现这样的情况，会对"为自己创造一个轻松的氛围"造成很大障碍。如何才能及时地对自己的情绪变化进行有效调整呢，这里给三点建议，供大家参考：

（1）每天和自己说一句"Relax"。如果你是一个"什么事都往自己身上揽"（我们俗话叫做心眼小的人，天生就是容易受到外界的影响，觉得什么事都与自己有关，且不往好处想）的性格，那么请你使用心理暗示的方法，每天都和自己说几遍"放松"。

（2）做事更多考虑过程，不要过分考虑结果。做事之前有一个计划是一个好的习惯，但请注意，做事情的时候请不要过分关注结果，相信你的计划，努力做好计划中的每一件具体的事情，把心思更多地放在如何做好事情的过程中，这样做会对你心态的微调有所帮助的。

（3）生活是用来享受的，即使现在的痛苦也是你生活的一部分，认真地享受,这样的心态很重要。请转换一个角度看待生活中的一切(包括学习)，不要整天抱怨"痛苦"，现在生活中的点点滴滴都是你精彩人生的重要组成部分,用一种享受的心态对待,会让你的生活变得很美好。试想，你现在所谓的"痛苦"在十年后看来会变成一种"幸福的经历"的! 抱着这样的心态，无论什么样的心情都可以帮你调整成阳光灿烂。

 超哥说：

学习是一件快乐的事情，因为学习的过程是可以给人带来"改变"的过程。

第 3 章

自信，让学习更高效

🎬 镜头五：小泽征尔，就是这么自信

小泽征尔是世界著名的交响乐指挥家。在一次世界优秀指挥家大赛的决赛中，他按照评委会给的乐谱指挥演奏，敏锐地发现了不和谐的声音。起初，他以为是乐队演奏出了错误，就停下来重新演奏，但还是不对。他觉得是乐谱有问题。这时，在场的作曲家和评委会的权威人士坚持说乐谱绝对没有问题，是他错了。面对一大批音乐大师和权威人士，他思考再三，最后斩钉截铁地大声说："不！一定是乐谱错了！"话音刚落，评委席上的评委们立即站起来，报以热烈的掌声，祝贺他大赛夺魁。

原来，这是评委们精心设计的"圈套"，以此来检验指挥家在发现乐谱错误并遭到权威人士"否定"的情况下，能否坚持自己的正确主张。前两位参加决赛的指挥家虽然也发现了错误，但终因随声附和权威们的意见而被淘汰。小泽征尔却因充满自信最终摘取了世界指挥家大赛的桂冠。

■ 学习中的"自信"和"气势"

有一次看 NBA，听到解说员在比较 NBA 球员与 CBA 球员，就投篮的准确度而言，在比赛场下，CBA 球员的准确度明显高于 NBA 球员，而在比赛场上，NBA 的球员准确度又明显高于 CBA 球员，这是为什么

呢？最后给出的结论是，NBA 球员在比赛的时候，球员的自信和气势很足，每一次出手都有一种舍我其谁的必进气势，而 CBA 球员在无人防守的平时练习时准确度还不错，但在球场上对抗的时候，却失去了必进的信心，从而影响了自己正常水平的发挥。仔细想一想，何止是在球场上，其实在我们的生活的各个方面，自信与气势确实对我们有很大影响，当我们有信心、有气势地面对问题的时候，问题一般会迎刃而解，但当我们的信心不足、气势不够的时候，即使比较简单的问题可能也会给我们带来莫大的麻烦。

就学习这件事情而言，在面对学习的时候，自信与气势的重要性更是不言而喻的。在这里为了突出"自信心"对于学习的重要作用，我用了"自信"和"气势"两个词来进行强调，但其实"自信"和"气势"这两个词又是一个相互作用的体系：一个人舍我其谁的气势，来自于其自我肯定的信心，同时，由于这种气势的存在，自然会使人们在处理问题的时候更加冷静而有效，因此人们可以在不断的处理问题的过程中得到肯定的自我评价，从而使自己的自信更加强大，进入到一个良性循环的体系中。毋庸多言，在这样一个良性循环的体系状态下进行学习和生活，一切的问题都是可以解决的。

很多的科学研究都证明，人的潜力是无限的，但大多数人并没有有效地开发这种潜力，这其中，人的自信心是很重要的一个方面。无论何时何地，做任何事情，有了这种自信心，你就有了一种必胜的信念，而且能使你很快就摆脱失败的阴影。相反，一个人如果失掉了自信，那他就会一事无成，而且很容易陷入永远的自卑之中。

优等生[①]**经验谈——王佳——考入清华大学**

"自信说起来很简单，可并不是那么容易的。如果考试前你发现自己什么知识都不知道你能很有信心地认为你能取得好成绩吗？自信需要一定的实力，也需要对自己实力的了解。可是如果考试还剩 15 分钟，你还有一个大题没写完，其实你能做出来，但你去选择检查前面的题目的话，也许，你的分数会比你真正能得到的要低。而如果你认为你能做出那道题，也许你就真的能搞定它。当然，自信不仅仅是指在考试中自信，自信是对自己实力的自信，即使某些考试你考砸了。当你更有信心时，你的压力就会更小，考试时心态也会更平和，考试的状态就会更好了。"

■ 10个小方法让你充满自信

那么，用什么样的具体办法，可以使我们变得更有自信和气势呢？

（1）找到自己的理想，并且把自己的理想拆分成可以逐步实施的事情，然后"拼命地做"！

---

① 本文所指的优等生仅指在学习方面有优势的学生。

毋庸置疑，自信这个东西是做出来的，不是说出来的！既然是做事情，首先当然要找到需要做的事情。每一个人都会有一个"相对远大的目标"——我们有时会把这个相对远大的目标称为理想，每一个人理想的最终达成又是通过很多细小的，可以达成的事情慢慢做出来的，按照这个小逻辑，我们可以认为：每一件需要做的事情的顺利达成，就是向着自己的"理想"坚定地迈进了一步！建议你按照我前面的逻辑思考，你会意识到：如果把你的理想（或者叫做相对远大的目标）有计划地分解，分解成为多个可以逐步实施的小事情，然后认认真真地把每一件小事情好好地做完，你会发现，你的理想实现的同时，你的自信心也会在这个过程中不断提升！其实，只要你用心地认真做每一件事情了，那么每一个细小事情的完成，对你的自信来说都会是一种提升，因为每一次通过不懈努力而获得的微小成功，都是最有力的鼓舞，这一点对于自信的提升非常地有效。

为了更好地让大家理解"拆分理想，拼命做事情"的具体方法，下面我们通过一个实例进行说明！

这个例子来源于我曾经的一个学生，这个学生是一个学习过程很奇特的学生，他在高一的时候，成绩的排名为年级的倒数第一，在学习上也属于经常被老师帮助的同学，按照一般人正常思维的话，我们很难想象就这样一个学习"差"，基础薄弱的同学会在高三最后的高考中以年级第一的成绩考上他理想的大学，不过，这个同学确实是一个"奇特"

的人，最后，他确确实实以年级第一的成绩考上了一所非常好的大学，我从来都不是一个以成绩来看学生的老师，所以，在这里我也不想替他标榜他在成绩上的奇特，之所以要介绍这个同学，是因为想让大家了解他在学习过程中的转变过程。首先需要声明一点，这个同学"绝对不是"一个聪明绝顶的人，与大多数人一样，他是一个普通人，我曾经带着好奇，在他毕业之后，专门找他聊了转变的原因，原版对话如下：

超哥："什么原因让你有这么大的转变？"

学生："自信！"超哥："自信？高一没有自信，后来有了自信？"

学生："是，高一没有自信！刚刚入学的时候，我就憋足了劲想在高中大干一场，结果事实却是整个高一我做的每一件事情都遭受打击：期中考试本想着拿到年级前一百名，结果却未能如愿；学生会想竞选个体育部长，结果差了两票；想在新环境中与同学们搞好关系，结果所有人都觉得我假……总之，越想做好就越受打击，那灰暗的高一呀，我都觉得我自己没有希望了，所以，破罐破摔，爱咋地咋地，我就这样了！"

超哥："那后来怎么转变的？"

学生："其实现在想来方法也挺简单的，到了高二，我想自己也不能一直这样混下去呀，所以，我又制定了期中考试年级前一百的目标，不过，这次，我并不是只是制定了目标，而是把这个目标细化了，细化成为每一次小测验我需要达到的分数，每一次小考试我需要达到的名次，并且每次分数和名次的设置都比自我认为的实力略低一些，当时针对期中考试年级前一百名的目标，我总共分解成为了十个小目标，结果十个中有六个都达到了自己的预期，这个结果使得我的信心得到了极大的提升，在期中考试前，我觉得我一定可以达成年级前一百的目标，那种自信的状态，那种舍我其谁的气势我到今天都记得，结果期中考试我成功了，那一次的成功为我后来充满自信的不断前进奠定了坚实的基础。"

通过这个实例，我想大家应该会得到一些启示了，多余的话不再多说，请你马上行动起来"拆分理想，拼命做事情"吧，你的自信会在这个过程中不断提升，加油吧！

（2）集体活动的时候挑前面的位子坐，可以让你的自信和气势越来越加强哟！

不知道大家有没有发现一个问题，在集体集会的时候，如果是自由选座位的话，后面的座位总是最先坐满，如果座位有富余的话，最前面的座位往往会空着，这是为什么呢？很多人的解释是：坐在前面太显眼，我们都是低调的人，含蓄的人，所以不想太招摇！当然，我不否认有些人确实是因为有意识的低调而选择了坐在后面，但更多的人我想应该并不是有意识的低调，在我看来，大部分不选择坐在前面的根本原因应该是——缺乏自信！在这里我不想就为什么缺乏自信展开讨论，我更想告诉你另一个事实——如果你确实是因为缺乏自信而选择了后排的话，那么请你努力地反过来试一试，让自己向前排移动，几次之后，你会感觉到你的自信和气势会明显的提升，你将不会再用所谓的低调为自己的不自信找借口，你会用你的自信坦然地坐在前排，更会用更为自信的状态面对人生，当然，如果你真的觉得需要低调的时候，欣然选择坐在后排的你，也会在满满的自信和气势中享受聚会。

（3）与别人交流的时候，练习"正视"别人，会让你在和别人有效交流的同时，让你的自信得到提升

眼睛是心灵的窗口，在交流中，我们可以透过眼神传达很多信息，从而使交流正常、有效进行。试想一下，如果你正在和某人进行交流，而这个人眼睛却不能和你正视，你会是什么感觉呢？我们是社会动物，我们的心理状态会受到外界各种信息的影响，人与人之间的交流对于我们心理状态的影响更是巨大无比的，眼睛作为重要的信息窗口，通过它传递来的信息更是会直接影响到你的心理状态。需要注意的是，交流的双方都需要在交流过程中通过眼睛获得交互信息，如果你在与别人交流的时候可以用坚定、平静的眼神正视对方的话，对方会感觉到你对他的重视和尊重，对方自然也会给予你以一种正面的信息反馈，你们双方都会在这种正面的反馈中感到舒服，感到一种被肯定的力量。如果你每次和别人进行交流的时候都可以得到这种被肯定的力量，久而久之，你的心理状态就会变得越来越自信，越来越有气势，而这种自信和气势也会通过你的眼神反馈给与你交流的人，你就又会得到更多的正面反馈而更加自信满满，这种良性的循环对于你整体自信状态的提升是很有价值的。

说完了"与人正视交流"的好处，下面我们再来聊聊与人正视交流的方法，有些人可能已经习惯于不与别人正视的交流方式，或者因出现过与别人交流时看着对方而把对方"看毛"的经历而变得不敢正视交流，如果有这样的情况，下面的练习方法可能会对你有所帮助。

首先，你与别人对视的目光要平静，因为是为了交流才看着对方的，所以目光只是交流的一种手段，而不是目的，重要的是要在平静地看着对方的同时，认真倾听对方的交流内容。

其次，请不要直直地看着对方的"眼珠"，因为这样有时会让人家觉得你是在"瞪"他，建议你的目光投射在眼睛下方鼻子上方这块，这么做既不会妨碍到你们的沟通，又不会让别人觉得你是在瞪他。

（4）走路的时候，抬头挺胸，并且把速度适当加快一些，这样的走法会让你的身体在得到锻炼的同时，也让你心中的自信变得强大起来

我记得曾经看过一个故事，说的是一个人做事总是慢吞吞的，因此别人都认为他是一个"比较肉"的人，久而久之，他自己也越来越觉得自己很疲沓，很自卑，虽然他想改变自己，但却不知道从何入手，因此他找到了心理医生，医生听完他的自我描述后，没有给任何建议，而是把这个人领到了一个街角，让他静静地看路过的每一个人，然后用自信或自卑两个简单的词给每一个路过的人做评价，并记录在评价表中，就这样，他们在街角观察了 100 个人，其中被判断为自信的有 32 个人，被判定为自卑的 68 个人，医生进一步让这个人根据自己的回忆写出 32 个人共同的特点及 68 个人的共同特点，这个人根据自己的判断写下了这样的评价：32 个人的共同特征为"抬头挺胸，走路利索，给人感觉是自信而雷厉风行的人"；68 个人的共同特征为"含胸驼背，走路拖沓，给人感觉是懒散自卑之人"。看到评价后，医生拿来摄像机，要求这个人以自己习惯的方式从街角路过一次，然后将录像给这个人看，这个人马上意识到自己的走路姿态与那 68 个人更加类似，当然他也找到了做出改变的着手点。

讲这个故事是想告诉大家，我们的心理状态与别人对我们的评价密切相关，所以我们需要在很多小事上多多注意，通过自己的行为，得到别人更多的正面评价，会对我们自信心和气势的提升大有裨益，我的建议是——从走路的姿态和速度开始吧！读到这里，会有人问，那么是不是走路越快越好呢？当然不是，你可以试想一个场景——一个人低着头，拼命地快走——你能把这样的姿势与自信联系起来吗？！我的建议是：挺胸抬头（这个最重要），适当提高走路的速度（如果你本身就是走路很快的人，你就不需要提高速度了，甚至你可能还需要减速哟），你自己感觉自信满满的走路姿势是什么样，那么就请那样走就好了！

（5）当有机会当众发言的时候，一定要发言哟，因为这个过程也是你自信得到锻炼的过程

"当众发言"是提升自信非常好用的一个方法和手段。在我上大学的时候，学生会招聘干部曾经流传着这样一个选拔定律：我们不排除那些不爱说话或表达能力差的人是有自信的，但我们更相信有自信的人是能够当众表达出自己想法的人，我们需要更加自信的人加入我们的团队！这句话让我很早就把自信与当众发言联系在了一起。前面我们曾经提到过，别人的评价，会对我们的自信心和气势有很大影响，如果希望得到更多别人正面的评价，除了我们要具备足够的实力，我们还需要表现的机会，而当众发言恰恰就是一个绝佳的机会，如果你确实具备实力，那么不妨当众表达出来，你会发现：在你演讲的过程里，在别人肯定的眼神中，你的自信和气势会得到无限的提升！

（6）这条建议是最简单的动作，但却是最难做到的—— 咧嘴大笑，一定要好好练习！

笑是一个很有魔力的动作，它能够带给你很实际的推动力，它是医治你信心不足的一剂良药，当你信心不足的时候，"咧开大嘴"大笑一阵，你会发现自己的自信立马就回来了；它还是一个可以让你快速平静下来的动作，当你恐惧的时候，不妨放声地大笑出来，你会发现刚刚的那一点恐惧会被你的笑声驱赶得无影无踪，就这样，笑一笑就可以让你平静而自信的面对生活中的一切！（听上去这么像广告？！呵呵！）不过

这里必须提示一点，"咧嘴大笑"一定是真笑哟，就是真心发自肺腑的那种笑法，而不是皮笑肉不笑的那种假笑，所以在标题里用了"最简单的动作，但却最难做到"来评价这个方法，那么如何做才能在恐惧时或者在不自信的情况下咧嘴大笑呢？

首先，你需要有一种意识，就是，当你恐惧的时候，或者当你不是那么自信的时候，一个叫做"咧嘴大笑"的基本方法可以帮你摆脱困境！很多时候，人们在不太顺利的情况下很难会想到笑，所以脑子中时刻有这样一根弦对于你必要的时候使用这种方法是绝对有效的！

其次，发自肺腑的咧嘴大笑是需要练习的，建议每天保证对着镜子笑两次（微笑即可，可以不出声音），每次笑足 30 秒；每周找机会出声大笑一次（可以想一些高兴的事情，或者看看笑话、喜剧电影之类）；每月尝试一次在没有任何"笑点"出现的时候，有意识地大笑一次（开始的时候可以是假的大笑，当然，最好找一个人少的地方，主要是怕吓着别人），这样的尝试开始的时候可能比较吓人，但很快地你会发现，你的假笑慢慢地会变成真心的笑，在笑中你会觉得世间的事情都是可以在你的笑声中解决的，那种在真心大笑中带来的自信和气势慢慢会融入你的血液，帮助你在遇到困难的时候，可以平静地面对，可以充满自信地解决！

（7）怯场的时候，不妨道出真情，这样做既显示了你的气势，更加会增强你的自信！

这个方法的提出，来自于一个真实的事例：

　　这个例子来自我一个学生的亲身经历，这个学生由于口才非常好，所以准备报考播音主持专业，考取这个专业是需要面试的，再准确点说，这个专业的面试在某种程度上是决定命运的，因此虽然他做了充分的准备，但到了真正面试的时候还是不免有些怯场，结果把准备好的东西当场忘掉了，用他回来和我聊的原话说，就是"那种尴尬的感觉都无法用语言来描述了，心情低落到了极点，自信心变成了负值，满脑子一片空白，手、脚、腿不停地抖着"。他说因为是决定命运的面试，所以那种怯场的程度是他以前从来没有经历过的！面对这样的情况，这个学生在面试中选择做了四件事情，第一件：咧嘴憨憨地出声笑了笑；第二件：坦诚地告诉评委考官，所有准备的东西都忘掉了，无法按照要求完成面试，只能即兴展示一下自己；第三件：即兴地完成了一些展示，按照他说的，由于道出了实情，虽然准备的东西还是没有想起来，但是心里平静了许多，自信和气势也得到了不小的恢复，所以最终的即兴展示还是发挥了自己的水平；第四件：展示完毕，抱歉地鞠了一躬，然后离开了面试考场！结果，他意外地拿到了那个学校面试通过的通知书，最后的高考也让他顺利地进入了那所学校。在进入大学之后，他曾经好奇地问过曾经面试他的老师，老师的回答是："你的真诚，加上你的天赋，再加上那天你充满自信的即兴表演最终使得你通过了面试"。

　　通过这个例子，我们可以得到一个非常好的启示，当你怯场的时候，不妨道出真情，这样既能够让你紧张的情绪得到舒缓，同时也可以让你的自信和气势得到回复！

（8）当发现自己处于自卑状态的时候，请使用肯定的语气来消除自卑感！

大家一定曾经经历过，当你处于自卑状态的时候，你说话时的语气往往带着不肯定；但当你处于自信状态的时候，你说话的语气往往是坚决而肯定的！这是一种正常的心理状态的外在表现。那么我们能不能通过在自卑状态下使用坚决而肯定的语气说话来破除自卑状态，而转化成为自信状态呢？答案当然是肯定的，看看下面这个例子，可能会对你运用这个方法有一些启示。

这个例子来自于我的一个大学同学，这个同学在大学毕业以后自己创业开了一家公司，他获得第一桶金的过程恰恰就是"运用肯定语气破除自卑增强自信"的最好例证。事情的过程是这样的：

他的公司在刚刚成立的前三个月里，所有的事情都没有走上正轨，资金没有着落，运作方向游移不定，千头万绪乱作一团，他甚至都开始怀疑自己的能力了，用他的话说，他从来没有那么消沉和自卑过。就在这时，一个朋友给他介绍了一个项目，要他去谈一谈合作，这对他来说确实是一个让企业走出困境的绝佳机会，因此，他决定要抓住这个好机会。

几天后，他做足了充分的准备来到了谈判桌前，对方是一个很有实力的大企业，因此一开始，对方企业在各个方面显示了强势，我的同学呢，由于太希望得到这个机会，处处唯唯诺诺，"自惭形秽"，因此，谈判过程始终被压制，就是在这样的气氛下结束了第一次谈判。

第一次谈判对于我的同学来说没有任何结果，没有受到对方重视，没有成功签约，总之，是一次让人不太愉快的谈判。第一次谈判的失利引起了我同学的反思：为什么会在谈判中处处受抑制呢？为什么准备得如此充分却没能成功签约呢？经过深入的思考，他得到了这样一个结论：对方企业在谈判中的自信胜过了我，当然自信来自于实力，由于对方的实力确实比我强，因此对方的自信是可以理解的，但问题是，当时我没有给对方任何自信的回馈，由于我们是要进行合作，是要建立一个共赢的关系，换位思考的话，我也是不会和一个没有自信和气势，不能给我正向反馈的企业进行合作的！

有了这样的反思，我的这位同学再一次坐到了谈判桌前，这次他就像换了一个人一样，整个谈判过程不卑不亢，对于对方开列的条件行就是行，不行就是不行，完全使用肯定的语气作答，对于自己企业利益相关的合理条件平静、坚定地一一说明，这样的自信和气势帮助他成功地签下了合约，拿到了第一个项目。他是这样评价他的第二次谈判的，他说：在谈判桌上，当我用肯定的语气说出第一句话的时候，我觉得由于实力差距而造成的自卑感一下子就破除了，那一刹那，我肯定地感觉到，今天这个合同我可以拿到手了！那种感觉太美妙了！

（9）培养自信心最好的方法就是用自信培养自信！

自信这种心理状态是一种正反馈的状态，有自信的人会变得越来越有自信。所以我们说，自信是一种习惯，培养自信心的最好方法是用自信培养自信。不知道大家是否关注过电视中的选秀活动，如果你注意过的话，你会发现，在选秀活动中最终获得第一名、第二名的选手与其在海选阶段的表现相比较，简直就会给人以判若两人的感觉，为什么会出现如此之大的反差呢？当然我们并不否认衣着、现场气氛、技术手段等的影响，但在我看来，最从本质上影响他们气质上变化的原因应该来自于他们的自信和气势，这满满的自信和气势是通过一轮又一轮的表演和选拔不断循环积累下来的，他们从一开始的不那么自信，通过努力在第一轮选拔的过程中获得了肯定而变得自信一些，这些自信又会帮助他们在第二轮的时候发挥得更好，从而得到更多的肯定而产生更满的自信，就这样经过多轮的选拔，自信从无到有，从少到多，最终成就了他们最后的自信表现！像选秀活动中的选手一样，你在生活和学习的过程中也可以把一系列可以增强自己自信心的事例（比如我们在这里提供的各种增强自信的方法）串联在一起，利用自信状态的正反馈效应，使自己的自信和气势得到养护和提升。

（10）永葆自信的诀窍——做自己能做的事情！

我们一直在强调，自信和气势不是说出来的，而是做出来的，通过做事获得自己预期的成功，你的自信和气势就会增加。这句话的重点在于做事情并获得自己预期的成功，很显然，要想获得自己预期的成功，你选择做的事情就应该是自己能做的事情，因为选择你不能做到事情可能很难成功，不能成功，你的自信的提升就无从谈起了。那么到底什么事是自己能做的事情呢？针对这个问题，我给出以下几点建议供大家参考。

第一，今日的事情就是你能做的事情，并且建议今日事今日毕。这点建议的重点有两个，一个是今日的事情，一个是今日事今日毕，这两个重点是想告诉你，不要强迫自己一天做很多的事情，贪多嚼不烂，今日的事情在选择上要给自己留有余地，同时要坚决地今日事就今日做完，不要拖沓，当你按照自己的预期将自己今日之事做完的时候，那种满足感就是你自信心的最好养料。

第二，一般情况下选择自己付出 80%努力就能做好的事情做！不要给自己上满弦，因为人不是机器，需要给自己留有休息的余地，在大多数情况下，选择自己足够胜任的工作来做，既可以保障事情完成的效率，又可以留有充分的休息时间，同时还会因为比较轻松地完成了工作而让自己的信心得到提升。那么我们怎么判断什么事情是付出 80%努力能够做好的事情呢？我这里有两个基本判断标准，供你参考使用：标准一，不需要熬夜做的事情；标准二：可以留有娱乐时间的事情（至少要保障每天有 2 个小时娱乐活动的时间哟）。

第三，能够让自己有兴趣尽力去做，并且能够做到让自己满意的事情（这个我想不用多解释了吧）。

超哥说：

　　一个人舍我其谁的气势，来自于其自我肯定的信心，同时，由于这种气势的存在，自然会使人们在处理问题的时候更加冷静而有效，因此人们可以在不断的处理问题的过程中得到肯定的自我评价，从而使自己的自信更加强大，进入到一个良性循环的体系中。

第 4 章

让学习变成一种习惯

📽 镜头六：鲁迅刻"早"

还记得小时候读过的鲁迅的《从百草园到三味书屋》吗？文中记载了这样一个小故事。当年鲁迅在三味书屋中跟随寿镜吾老师学习。他十三岁时，祖父被捕入狱，父亲长期患病，家里越来越穷。鲁迅每天要去当铺当完东西买完药才去上课。一日，鲁迅迟到了，老师生气地将他狠狠批评了一顿。鲁迅听了，没有为自己做任何辩解，而是点点头，默默回到自己的座位。第二天，他早早地来到学校，并在书桌的右上角用刀刻了一个"早"字。从此，鲁迅惜时如金，养成了"时时早，事事早"的好习惯。而正是这个好习惯，一直激励着鲁迅战斗一生。

■ 把学习培养成习惯

美国心理学家威廉·詹姆士说过这样一句话："播下一个行动，收获一种习惯；播下一种习惯，收获一种性格；播下一种性格，收获一种命运。"英国唯物主义哲学家、现代实验科学的始祖、科学归纳法的奠基人培根，一生成就斐然。他在谈到习惯时深有感触地说："习惯真是一种顽强而巨大的力量，它可以主宰人的一生，因此，人从幼年起就应该通过教育培养一种良好的习惯。"

国内外研究表明，对于绝大多数学生来说，学习的好坏，20%与智力因素相关，80%与非智力因素相关。而在信心、意志、习惯、兴趣、性格等主要非智力因素中，习惯又占有重要位置。对于一个学生来说，养成良好的学习习惯将是他完成一生中各个阶段、各项学习任务并取得优异学习成绩的重要条件和保证。

联系现实生活中的人和事，再仔细分析，就会越发感到詹姆士、培根的话确实包含着深刻的道理，尤其是在学习问题上，几乎对于每一个人都适用。如果你渴望获得较好的学习成绩，如果你渴望有效地利用时间，那么，就请你尽早养成良好的学习习惯。

长期有规律地安排学习的人，便可以养成良好的学习习惯。一个具有良好学习习惯的人，他会下意识地随时随地支配他按照平时习惯了的套路做那些与学习相关的事，使之在不知不觉中，事情做得轻轻松松，有条有理。好的习惯一旦养成，便可终身受益。

总之，"优秀是一种习惯"，最终的成功是依靠平时一点一滴的积累达到的，从量变上升到质变，即所谓的平时有好的学习习惯，才会使我们最终取得好的成绩。所以在平时的学习当中就要严格要求自己，力求扎实的功底，为日后的考试做好准备。

优等生经验谈——林小杰——考入北京大学

"良好的学习习惯概括为六个字：善思、好问、勤记。

还记得一首儿歌：人有两个宝，双手和大脑，双手会劳动，大脑会思考。这虽不多，但道理却不浅。优秀生之所以优秀，是因为他们关于运用大脑这个宝贝去不断思考，而不是单纯地记忆，要知道我们的大脑不是知识的仓库，而是一个知识的加工厂。文史学得好的同学，不是因为他的记忆力好，而是因为他善于思考。

除了善思，还应该好问。而好问来自于怀疑精神，就像德国文学家君特格拉斯在阐释'启蒙'一词时所说：要使大家习惯于'思考已经思考过的东西，直到怀疑还是确信无疑'。当疑问出现时，我们应该毫不迟疑地发问，直到从老师口中得到确切的答案，这便是'打破砂锅问到底'的好问精神。最后便是勤记。俗话说'好脑袋不如烂笔头'，把平日所听、所想、所学随笔记录下来，便是一笔宝贵的财富。"

■ 处理好人际关系

人际关系的好坏对于人的心理状态的影响至为关键，我们生活在社会中，并不是封闭的，你需要和人打交道，人际关系的好坏很明显地会影响到你的心态。人与生俱来地会关注别人对自己的看法和评价，这些看法和评价会直接影响你对自己的看法和评价，进而使你的心态发生变化。如果你从别人那边得到的是对你正面的评价，显然你的自信会提升，心态会变得积极，这样的状态自然会使得你的人际关系变得更加融洽，从而你会得到更多的正面评价，信心会进一步提升，状态会进一步地改善，在这种良性循环的人际关系中，你的学习状态想不好都是很难的。

但反过来,如果你从别人那里得到的是对你的负面评价,你肯定会急躁、不安、怀疑自己,心态也会变得更加地不稳定,这样的状态外显出来,会让你的人际关系变得更加糟糕,进而进入一个恶性循环中,在这样的氛围中,你自己想一想你还有多少心情去认真做事呢?!所以说,具有良好的人际关系,对为自己营造一个轻松的氛围至关重要。如果你现在正处于人际关系紧张的状态中,不妨用一用我下面的建议,也许对改善你的人际关系有些帮助。

(1)与人为善打招呼,不要瞧不起任何人,更不要觉得自己如何如何了不起。每个人其实都可以成为你的朋友,需要你做的事情很简单,就是一个微笑,一个点头,一个招手,一个"嗨",也许当你和别人打招呼的时候别人没有理睬你,没关系的,再次遇到的时候继续打招呼吧,一次、两次、三次……总有一次你会发现,别人愿意和你打招呼了,就是从打招呼中,你的人际关系开始得到改善了。千万不要小看这一声招呼,其中包含着你的谦虚、你的尊重、你的开朗、你的乐观……这些正面的情绪会为你换取来更多的正面情绪,让你在不知不觉中进入良性循环中。

(2)事事看开,不"较真"!如果你在人群中是一个特别斤斤计较,什么小事都较真的人,那么我估计你的人际关系不会很好,因为谁也不愿意和一个"事事小心眼""事事和别人抬杠较真"的人在一起。对待需要努力完成的事情,我们确实需要一种"较真"的认真精神,但这种

"较真精神"如果用到了处理人际关系上，那将很快将你的状态带进一个负面的恶性循环中，尤其是在钱财上过分看重的人，请特别注意，因为钱财上的斤斤计较会使你给人以一种很不舒服的感觉，这倒不是说要你什么事情都充当"冤大头"，对钱财正常处理（我读中学时的标准是：别人向我借钱的话，能力之内，我会慷慨解囊的，当别人欠我 10 元以内，我会等着别人主动归还，如果别人不归还了，就算送给别人了；如果 10 元以上，我在等待一段时间后，提醒一下对方；如果我欠别人钱，无论多少，我会及时归还。请你最好也能根据自己的经济状况制定一个这样的标准），会让人觉得你很豁达，自然也愿意和你成为朋友。除钱财外，其他事情也请事事看开，不要只在自己的小圈子中转来转去，凡事都不要过于计较，这样的态度会让你的人际关系得到有效改善哟。

（3）做事时，为人大气，不起哄。所有人都愿意和"大气"的人一起共事，不愿意和那些特别"小气"、动不动就说"风凉话"、"起哄架秧子"的人在一起合作。千万不要变成这样的人，因为这样的处事风格会让你的人际关系落入低谷的。记住"退一步海阔天空""得饶人处且饶人"，这样会对改善你的人际关系大有裨益的！

■ "环境卫生"要保障

保障"环境卫生"，对于调整自己的心态来讲至关重要。说到环境卫生，很多人的要求是"整洁"，在这里，我对环境卫生的要求是"最好又整又洁，最低也要'洁而不整'"，也就是说，你不一定将你的环境整理得多么整齐，但必须要确保干净。有人会问，你的标准怎么低了呢？其实没有降低，因为我觉得，关于"整"的标准会因人而异，而对于"洁"的标准大部分人是一致的。如果你习惯于你自己环境的"凌乱"而不觉得，这种"凌乱"显然不会影响到你的心态，但如果你的环境是"脏兮兮"的，那么无论环境有多么整齐，你的心情也不会很好，你的状态也不会多佳，甚至还可能由于不卫生而生病，造成身体的不适，进而使心情和状态变得更糟。所以，我更看重"洁"对我们心态的影响（从个人的角度说，既然你都能将环境弄干净了，那么为什么不顺手整理整齐呢？！）。当然，如果你的自我要求是"干净整齐"，那么更好，因为对于更多人来说，"整齐"显然是卫生的一个标准，如果真的是这样，那么就请将自己的环境变得"整洁"吧，因为这样的环境肯定会带你进入到一个良性的循环中。

强调完"卫生"，我们再来说一说"环境"，这里提到的环境，主要包括两个方面的内容，一个是学习的小环境（包括教室、书房、学习用的书桌、学习用具等），二是你自己的"贴身环境"（包括从内衣到外衣的贴身衣服和包括发型、指甲在内的总体个人卫生），对于这两个方面环境的卫生情况本身一定会影响到你的心态（穿着自己喜欢的干净衣服，在舒服的学习小环境中，用着自己爱不释手的学习用品，你可以设想一下，那种情形一定会让你的学习心态变得大好），同时，这样的外显式的环境，也会给你带来别人赞叹的评价（任何人看到干干净净、利利索索的你都会有一个良好的印象），这样的评价自然会成为你良性循环的动力，你的心态会在这种美妙的良性循环中不断提升。

■ 快速排除学习干扰

1911—1918 年，毛泽东在长沙的湖南一师读书，虽然当时的湖南一师教学条件比较差，毛泽东抛开这些外界因素，坚持学习。他特意到最喧闹的地方去读书，每天故意让自己坐在闹市口看书。什么是闹市，也就是街上最热闹的地方，譬如说长沙成章街头的菜市场，他每天都坐在那看书，以培养自己看书的静心、恒心，锻炼自己的意志，使自己在学习时心绪不受外界干扰，在任何时间和场所都可以很好地学习。他是这样做的，也成功做到了。

生活中确实存在着许许多多所谓干扰学习的因素：网络、游戏、电视、KTV、朋友聚会……你会发现，诱惑遍地都是，想要"两耳不闻窗外事，一心只读圣贤书"还真是不容易。请大家注意一个细节，我在描述这些因素的时候用了一个特别的定语——"所谓干扰学习的因素"，以这个细节作为出发点，下面谈一谈我对"干扰因素"和"对抗干扰"的理解。既然用了"所谓"，显然我不认为那些因素是干扰学习的因素，恰恰相反，我倒是觉得"学习"本身也和网络、游戏、电视、KTV、朋友聚会等等一样，都是生活的一个有机组成部分，离开谁都不行，离开谁生活都会变得不完整，只不过，在一些特定的时候，学习可能会占据你生活中的较大部分（比如初中、高中学习阶段），但即使如此，如果你能够合理地处理好这些生活中的必须元素所占据的比例，那么这些所谓的干扰因素不但不会成为干扰反而可能成为有利于你高效学习的催化剂。

我们生活在一个多元的社会中，每一个人都不可能长期完全摒弃生活中的某些"组分"（如网络、朋友、电视……）而只做另一种"组分"（如学习），如果你真的这样做了，我相信你的"学习"也不会是成功的（我们学习一个很重要的目的是为了更好地适应社会、融入社会、用自己的力量让社会向更好的方向发展，因此，试想如果真的在学习阶段"一心只读圣贤书"的话，很难想象这样学习出来的人的视野能有多宽？！这样学习出来的人能对社会有多大贡献？！），当然，在某些特殊时期（如需要在比较短的时期内完成某些考试的复习等）我们确实需要强调突出某些组分（如学习），而暂时搁置某些组分（排除干扰），但这样的做法绝对不应该成为我们学习的主旋律。

既然我对"干扰因素"持这样的态度，那么就有必要详细地说一说我对"对抗干扰"的理解，我理解的"对抗干扰"实际上是合理地利用各种所谓的干扰因素，而使你进入到一个真正的学习状态中，让你的学习变得更加高效！当然，这里说的合理利用并不排除在某些特殊时段采用"强制对抗"的做法。具体的做法因人而异，详述如下：

为了讲清楚"对抗干扰"的方法，首先我们将人们分成以下三种类型：高压型、放松型、发泄型，请你根据自己的情况对号入座，希望针对不同人所提的建议对于你合理的对抗干扰有所帮助。

所谓高压型，是指那种"自制力差"、"特别容易受到外界因素诱惑而放弃学习"但"相对听话——有人压制的时候能够服从"的人。

所谓放松型，是指那种"自制能力比较强（比高压型的人强点）"、"在有外界因素诱惑的时候，能够较早意识到干扰的存在，并且会根据干扰大小按照自己的需求选择接受干扰或不受诱惑"的人，这样的人做事情一般会有些"小犹豫"，即做事情的时候总是很难完全投入，娱乐的时候会想到应该学习，学习的时候又会想到娱乐，但一般总是停留在想一想的层面，而不会付诸实施，即使选择了实施，在实施过程中往往也不是专心致志。

所谓发泄型，是指那种"自制能力非常强"、"一般情况下不会受到外界因素的诱惑和干扰"，但"一旦被诱惑，往往容易深陷其中（比如游戏成瘾、上网成瘾等），且深陷其中后，越有人压制越逆反而不愿改变，没有人压制的情况下却更容易自己反省而改变"的人。

下面的一些建议希望能够帮助你"对抗干扰"。

针对"高压型"的人"对抗干扰"的方法很简单，就是想办法持续让自己处于高压状态即可！（当然只是针对学习而言哟，只是在学习这件事情上保持自己的高压状态即可，生活中的其他事情没有必要哟，呵呵！)

针对"放松型"的人"对抗干扰"的方法也很简单：叫做"顺其自然地服从自己的意愿，玩的时候就全力以赴地玩，学的时候就全力以赴地学"。因为这种类型的人自制力相对比较强，可以比较早地意识到干扰的存在，会根据自己的意志进行选择，所以这样的人一般很难对某些东西过分上瘾而不能自拔，当其感觉到这种干扰让自己"不舒服"的时候，他会寻求改变，最终通过自己的选择让自己再次变得更加"舒服"，但对于这种类型的人需要特别提醒一下：希望你玩的时候就"痛痛快快地玩"，学的时候呢就"痛痛快快地学"，千万不要玩的时候想学习，学习的时候想玩，那样的话将会让你变得"犹疑"而不坚定，最终导致你做什么都无法认真做好。

针对"发泄型"的人"对抗干扰"的方法有些复杂，还记得发泄型人的特点吗？"自制能力非常强，一般情况下不会受到外界因素的诱惑和干扰，但一旦被诱惑，往往容易深陷其中，且深陷其中后，越有人压制越逆反而不愿改变，没有人压制的情况下却更容易自己反省而改变。"发泄型的人是"自制力很强"的人，也是"叛逆性格很强"的人，因此，弄清楚其"被诱惑而深陷其中"的原因，才能找到这类人对抗干扰的钥匙。在我看来，这类人"被诱惑而深陷其中"的原因往往是被"逼"的，被家长、被老师、被外界各种压力逼迫着"做"这类人"还没有想好的事情"，再加上他们性格中的强烈叛逆性，就造成了这类人被"逼"着走向了"愿望"的反面，因此对于这类人对抗干扰的方法就是：给他们一个宽松的环境，通过建议的方式让他们自己能够想清楚该做的事情，那么一切干扰对于他们来说都是不复存在的。

■ 怎样戒除网瘾

故事一：

曾经有一个给我留下深刻印象的学生，这个学生上网成瘾，自己意识很清楚，也想通过自己的努力让改变，结果由于自己的自制力比较弱，所有努力都失败了，用他自己的话说，就是"我实在是自己管不了自己，觉得自己就像奴隶一样，只有别人管着点才能学习（曾经他的爸爸使用全监督的模式对他压制过一段时间，结果很有效，在被压制的这段时间，他学习很踏实认真，成绩提高很快），一旦没人管了，我就完蛋了！"

面对这样的窘境，他找到了我寻求帮助，我第一次给他的建议是"定一个短期的目标，给自己点压力，试着让自己压着自己学习"，刚刚说完，他就痛快地回绝了我，他说"没戏，超哥，我很清楚，我自己根本就不可能压得住自己，没学习的时候可能会信心百倍地定目标定计划，也有极大的愿望去搞定，给自己打足了气，发誓在学习的时候不去想别的，干别的，结果开始学习后哪怕遇到一点点干扰，我就可以主动地找到 N 多理由让自己放弃学习，没办法的！"

于是，我试着给了他第二个建议：发动身边能够发动的所有人，同学、朋友、老师、父母，将这些人分成几拨，从而保障你在需要学习的地方都会有人"看管着"你，"提醒着"你，"压制着"你，让你学习，看看你是否能真的学习，成绩是否能够提高，如果这个方法有效的话，那么在你的自制力得到改善之前，你就只能认认真真地当被看管学习的"奴隶"了。

他认可了这个建议，并且在我们共同的努力下实施了一个学期，结果很不幸（也可以说很幸运），在各种压力的实施下，他的学习变得很认真努力，并且在最后的考试中成绩有了极大的提高，后来就是这样的被看管的学习状态一直持续到了高中结束，他也以很高的分数考入了北京大学，多年后，当他回来和我聊天的时候，他告诉我，时至今日，当他需要努力做某件事情的时候，他就想办法让自己处于一种高压之下，在这种压制下，他一般都会将事情做好！

故事二：

还是我学生的一个例子，这个学生与上面提到的学生不同，这个学生自制力挺强的，不用别人管自己也可以学习，但学习成绩却总是很一般，于是他找到我来聊天，他告诉我，他觉得他的自制力挺强的，不会完全沉迷于游戏中不能自拔，学习也不太用老师和家长管教，自我感觉在学习上用的时间也不少，但成绩却总是不理想，他很苦恼，找不到是什么地方出了问题。

我当时问过他这样一句话"玩游戏的时候，你是不是有一种比较强烈的'罪恶感'，学习的时候是不是又有玩游戏的冲动，并且总是很纠结？"他说是，他只有在特别想玩游戏的时候，才会去玩（一般想玩的话都会克制住自己不去玩），晚上玩游戏却又有一种觉得不对的意识，因此不能专心玩游戏，放弃游戏去学习的时候也很难专心，在脑海中总是萦绕着打游戏的想法，当这种想法极其强烈的时候，又会去打游戏，当然打游戏的时候又不爽……总而言之，总是在这样一个特别别扭的循环中打转转。

我当时给他的建议是：给自己定一个小的时间表，定好什么时间学习，什么时间打游戏，在学习的时候就完全投入其中，别的不考虑，认认真真地完成规定时间的学习过程，打游戏的时候也像学习这样，也什么都不考虑，认认真真地打游戏，让自己玩痛快了。按照这个建议，他试了一个学期，效果很理想，经过一个学期的努力，他的成绩有了极大程度的提高。

故事三：

我有一个曾经"泡网吧成瘾"的学生，当年他上高二，最高的"泡网吧"记录是三天两夜一直在网吧中不吃不睡，最后是给饿出来的。和他的熟悉源自他主动找我的一次聊天，用他的话说"想找您聊聊，是因为您是我遇到过的唯一一个不'逼'我的老师"。

那次聊天是从"泡网吧成瘾"的原因开始的,他告诉我,他深知泡网吧是不好的,他第一次进网吧就是因为他妈妈反复强调,让他"不要去网吧玩",有自制力的他其实从来就没有想过去玩,用他的话说"这点控制能力还是有的",但叛逆的他又觉得既然自己有意识到了,妈妈还总是这么"唠叨",干脆就不听她的了⋯⋯

于是他第一次进了网吧,聪明的他很快发现了网吧的"好玩"之处。之后,又在妈妈的反复"唠叨"下,他干脆放弃了自己的自制力,从此,进入到了这样一个恶性循环中:"泡网吧→家里反对→强迫他改正→叛逆对抗→更加凶猛地泡网吧→家里更加强迫⋯⋯"。

那次他找我,就是想得到我的帮助,因为他已经意识到,虽然自己想改变,但由于不想服从父母的压力,所以已经越陷越深,有些不能自拔了。

我当时给了他这样的建议:给你一个月的时间,不用上课,不用学习了,每天就是去网吧玩,在这期间,你只需要按照你自己的想法去做,不会有人打扰你。为此,我找来了他的父母,和他们说了我的这个建议和想法,开始的时候他的父母有些犹豫,最后抱着"死马当活马医"的态度同意了完全放手,将孩子交给我一个月的时间。

第一周过去了,这一周中,他每天都在网吧中待至少7个小时,他每天回来都会神采飞扬地告诉我他今天在网吧中的"精彩生活"。

第二周过去了，这周中，他每天在网吧中的时间缩短到了5小时左右，与前一周不同，这周中他不怎么兴高采烈了，甚至都这周快要结束的时候，他回来告诉我他有点不想去网吧玩了，但又有点控制不住自己。

第三周的第一天，他去网吧待了9个小时，回来后倒头就睡，没有说话；第二天，他去网吧只待了2个小时，回来告诉我说他决心不再去网吧了，并要求我把他反锁在宿舍中，我按照他的意思做了，把他反锁在宿舍中，一天过去了，两天过去了（这两天中，我除了给他送饭送水，没有和他做过任何交流）。

第三周的第五天，他要求出来和我聊聊，聊天中，他告诉我他可以和网吧断绝联系了，并且谢谢我对他的信任，要求我和他的父母谈一谈，再给他3个月的时间（这3个月的时间不要总是唠叨他做这个，干那个，或者唠叨他不要做这个，不要干那个），到期末考试的时候，他会让我们看到他的改变。我同意了他的要求，并且和他的父母做了沟通。

在接下来的3个月中，我确实看到了他的改变，3个月的时间没有逃过课，上课时没有睡过觉，每天作业全部交齐，再没去过网吧……3个月后的期末考试，他给了我们所有人一个惊喜——他以自己的努力拿到了年级的第六名（要知道3个月前的他是年级的倒数第二名）。

■ 让自己乐于动手

对于学习来说，最大的障碍是"懒惰"，是"不干活"。那么，怎样才能让自己乐于动手呢？我们从两个方面做一简单分析，希望对大家有所帮助。

首先，"懒惰"的原因是往往源自没有目标，没有为你提供动力的可实施的目标。所以要想让自己从心理上变得不懒惰，就需要找到让自己动手的目标，如果你实在找不到理想和目标的话，那么请记住我下面这句话，也许对你会有所帮助："对于你现在的学习而言，缩头也是一刀（你懒惰也需要完成），伸头也是一刀（你不懒惰也要完成），还不如硬气些，坦然的伸头过来（怎么着都得做，干脆做着吧）"。

其次，要想让自己乐于动手，就需要想办法在学习中给自己找点"乐子"，也就是说你需要去设计一些让自己乐于行动的方法。

我曾经有这么一个学生，学习成绩极其好，但从来没有交过作业，每次收上来的练习册都是空白，我曾经开玩笑告诉他，如果练习册不写名字，都可以当新的卖给下一届使用。针对这个"奇怪"的现象（不动手练习，成绩还很好，这个事情确实蹊跷），我专程找到了他询问，他告诉我，他不是不做练习，而是不做练习册（因为每次看到练习册中大量的题目都倒胃口，头疼），他做题的方法是他自己专门设计的，就是

"自己找题做"。他会根据自己课上学习的内容，上网进行搜索，找到相关试题后就迅速浏览，会做的就过去，不会做的就拷下来，打印出来做，他说这样找题做既有针对性，又没那么枯燥，还能够保障做题的数量，由于是自己琢磨出来的办法，所以他是乐此不疲，他还拿出了 6 大厚本 A4 纸整理的试题材料，都是他通过这样的方法做的。

一个小小的设计，一个有意识的改变，既让自己乐于动手，又增加了学习的乐趣，这样的方法是大家可以借鉴的。

■ 坚持，就看得到改变

学习是一个长期的过程，甚至会伴随我们的一生，如果没有持之以恒的坚持，一切的一切都是虚妄的，因此说坚持是最好的学习习惯，是帮助我们通向成功最稳定的基石。学会坚持首先要从你的内心开始，我们可以这样理解：每一个人的坚持是都有理由的，这个理由就是源自你心中的那个"基点"。我见到过很多源自"内心基点"而坚持的例子，在这里和大家分享一下，希望能唤起你心中让你"坚持"的那个基点。

第一点，坚持源自"收获"。我认识的一个朋友，从大学开始一直到现在（15 年了）每周都会坚持听一场讲座，全国的大学他几乎跑遍了，15 年来从未间断，我曾经和他交流过这样坚持的原因，他只是笑了笑告诉我"听听不同人的观点和声音，让我自己收获很大"，为了让自己有收获，他还会继续坚持下去。

第二点，坚持源自"有价值"。我认识第一个搞蓝藻研究的老科学家，老先生的研究执着于利用蓝藻生产生物柴油，直到退休之后他还在不断地孜孜以求，每天坚持在实验室中工作，我曾经与先生交流过他坚持这样研究的原因（先生因为执守着这项研究而放弃了很多优厚条件的聘请），先生淡淡地说，因为这个很有价值，我希望这个有价值的研究可以为人类新能源的探索提供一些启示。

第三点，坚持源自"憧憬"。我身边有不少考 SAT、考托福准备出国的学生，实事求是地讲，准备出国要比准备高考辛苦得多，但他们每一个人都在非常非常努力地坚持着，问及他们这么坚持的原因时，得到的回答是"对未来美好学习生活的憧憬是使他们坚持下去的动力"。

第四点，坚持源自"使自己平静"。我的一个朋友，对中国的传统文化很痴迷，每天坚持读传统的典籍，到今年已经坚持整整 20 年了，问及坚持的原因，他说"从典籍中可以让自己的心平静下来，这样的感觉很美好"。

从上面的各种例子我们不难看出，如果你愿意，每个人都可以找到让自己坚持的那个基点。

除了找到自己内心的那个基点，学会坚持也是需要掌握一些操作技巧的。首先我们需要准备好一个可操作的计划（关于寻找目标，制定计划的具体方法在前面章节中已经具体谈过，这里不再赘述），然后我们还要做好克服各种困难的准备，比如焦躁和懦弱往往是"坚持"最大的敌人，在这里我们需要提前做好应对"它们"出现的心理准备，一般情况下，我建议通过"释放→接受→习惯化→边缘化"等过程将这些负面的心理情绪障碍破除。（所谓"释放→接受→习惯化→边缘化"过程，是指通过心理的暗示和调节作用，将不良情绪清除的过程，比如当出现焦躁、懦弱等情绪的时候，首先让它自然地释放出来，把负面情绪看做是你生活的一个组成部分，平静地接受它，承认它，甚至"享受"和"习惯"它给你带来的心理体验，这时你会发现由于改变了对这些负面情绪的看法，这些负面情绪已经不会再影响到你"坚持"的决心了，在这个基础上，再慢慢降低这些负面情绪在你整体情绪中的比例，最终使其边缘化，而不会对你再次造成负面影响）

 超哥说：

　　学习是一个长期的过程，甚至会伴随我们的一生，如果没有持之以恒的坚持，一切的一切都是虚妄的，因此说坚持是最好的学习习惯，是帮助我们通向成功最稳定的基石。

第三部分

学习方法

第 5 章

效率：管理时间，高效学习

镜头七："勤奋"的学生

小敏是班里最勤奋的学生，同学和老师都这么评价。课外活动时间，别人都到外边打球、跑步，而小敏从不离开教室，仍坐在那里埋头看书。回到家里，也是放下碗筷就到自己的书房里去看书。他的父母为有这样自觉学习的孩子而感到高兴，但他们更为小敏的学习成绩而担忧。看着自己的孩子这么用功而成绩总不提高，当母亲的着了急。是自己的孩子有智力问题吗？领着他到心理咨询中心一测，智商120，比一般人还要高。那到底是什么原因呢？知子莫如母，一次偶然的机会，小敏的妈妈发现，他坐在那里半天没翻一页书，一连观察了几天都是这样，终于看清"庐山真面目"。小敏看着很勤奋，其实他并没有真正投入到学习中去。

像小敏这样的学生，在中学中有相当一部分，尤其是那些性格较内向的学生，整天看着好像很勤奋，其实，心早已"飞"走了。俗话说，一分耕耘一分收获，但是在学习上，如果浅尝辄止地耕耘，或根本反了方向，是无法获得效果的。只有深耕细作，把时间用到刀刃上，注重学习的效率，成绩才能显著提高。

优等生经验谈——黄铃——考入北京大学

"我一直认为良好的态度是做好一件事的前提，我相信大家身边都有那种在我们看来智商超群的人，他们表面上对学习不那么上心，用在学习上的时间少，但是成绩永远排在前列，显得特别引人注目，然而他们认真学习起来又有谁注意过。认认真真地学一个小时，也许比漫不经心地学一上午效果好很多。保持高的学习效率是非常重要的，当我觉得没心情学习的时候我就会到教室外的走廊极目远眺或者和同学聊聊天开开玩笑什么的。"

■ 三个问题让你的目标更明确

成功始于目标，想要高效学习，先给自己定一个具体明确的目标。具体怎么做？下面三个问题让你的目标更明确。

第一个问题：你对你现在的成绩满意吗？

A．满意

B．不满意

如果你的回答是不满意，请继续往下看，如果回答是满意你就可以不用往下看了。

第二个问题：你希望下次考试考班上第几名或者考多少分？

我希望下次考试考班上第＿＿＿＿＿＿名

我希望下次考试考＿＿＿＿＿＿分

根据自己情况选择问题。如果你的答案是前几名，说明你的目标不明确，请继续往下看。

第三个问题：第几名对你最有吸引力而且有可能性？

我最有可能考班上第＿＿＿＿＿＿名

我最有可能考＿＿＿＿＿＿分

这个问题是帮助你确定一个具体的名次或分数。要反复揣摩，问自己第5名吸引力大不大？可能性怎么样？第6名？第7名？确定一个最有吸引力而且有可能性的目标。

到此你的目标应该很明确了，如果你在内心有了一种想要去实现这个目标的冲动，恭喜你，你的目标够明确了，也就是说你的目标开始发挥作用了。

■ 制定一个简单的计划

针对自己的目标，通过设定子目标的方式设计出一个一个简单的小计划，并针对每一个子目标设计出具体实施步骤，在实施过程中再根据实际情况对计划和相关子项目的实施步骤做出修正，这种设计是帮助目标最终达成的有效手段。建议计划设计中子目标的设定粗犷一些，相应子项目的实施步骤也设计得变通一些，换句话中，对于目标实施的设计更多的时候需要的是一个框架，甚至只是一些单纯的目标即可。虽然粗犷，但有些设计原则我们还是需要注意的，下面重点强调一些设计目标实施步骤的基本原则：

（1）**仰望星空，脚踏实地。**目标是你的一个"顶层设计"，是你为之奋斗的目标（我们可以把它比喻成星空），但无论她多高、多美，要想最终实现都要从现在脚踏实地地做起（我们可以把现在可做的事情比喻成实地），因此在你设计实施路线图的时候，首先需要把你的目标是什么想清楚，同时还需要设计好要想最终达成目标，现在可以做什么事情，至于"星空"与"实地"的链接过程，可以想一想，也可以不想，因为只要你把现在可做的事情设计好，随着努力的不断深入，只要"星空"的方向不错，我们可以把通向"星空"的每一个环节都看做不同时期的"实地"，因此关于实施步骤的设计，我们重点的关注放在目标和现实这两个点上。

（2）**让每一个子目标都变得可以实现，让每一个步骤都具有可操作性。**我们一直在强调，把目标分解成一个个可以实现的子目标对于目标的实现具有重要的意义，举一个假设例子加以说明。

某同学把考上某大学作为目标看待（假设考上这所大学需要达到年级前 30 名），而这位同学目前的年级排名是 300 名，我们可以假设一下，这个同学想要最终达成自己的目标，如何设计会比较有效呢，我们认为，设定一次考试直接从 300 名进步到 30 名以内显然是不合理的，比较好的做法是根据达成这一目标的时间（假设 1 年）将这个目标的实施分为 4 个子目标，即希望通过努力第一学期期中考试从 300 名进步到 150 名左右，第一学期期末考试从 150 名左右进步到 100 名左右，第二学期期中考试从 100 名左右进步到 50 名左右，最后高考从 50 名左右进步到 30 名以内，从而达成自己的目标，这个过程的做法就是运用了通过将目标分解成多个可实现的子目标来进行的原则；同样地，针对每一个子目标（比如从 300 名进步到 150 左右这个子目标），我们需要根据实际情况进一步设计实施步骤进行实施（比如这个同学重点需要加强什么科目，每一个科目具体学习的方案，每天学习的时间分配等等具体的措施），通过这些可操作的步骤的实施，最终实现相应的子目标的过程运用了让每一个步骤具有可操作性的原则。

（3）**每一个子目标的设计都要给自己提供动力，并使自己可以主动地为之而努力。** 目标的一个非常重要的属性就是可以为我们提供持久充足的动力，使我们主动地为之而努力，因此在设定子目标的时候，每一个子目标的设定至少可以保证为自己提供从开始实施一直到目标达成阶段的动力，使自己会主动地为了子目标而努力。其实做到这一点并不难，因为有了目标的存在，再加上子目标设定的可实现性的预期，这些都会给自己足够的信心而保障有动力完成实施过程，当然如果你在设计过程中还能够发挥更多的聪明才智，更加提升自己在实施中的乐趣和动力感那是再好不过的了。(比如有人在设计实施过程中会为自己设计一些奖励机制，如某次小测得了一个自己满意的分数，就奖励给自己一个冰激凌，这样，会使得自己下一次的努力更加有期待)

■ 找到适合自己的学习节奏

"一张一弛，文武之道"，世界上一切事物的运行都有着自己的"节奏"，学习自然也不例外。由于不同人生理状态、心理状态、学习态度、学习方法、学习目标的不同，会造成不同的人或不同时期的学习节奏具有很大的差异(有些人或有些学习任务适合具有规律性作息时间地进行学习，如技能型知识的学习；有些人或有些任务则适合突击式地进行学习，如完全应试型的学习)，因此找到自己适合的学习节奏对于培养自己的学习习惯至关重要，下面我们就重点讨论讨论寻找适合自己学习节奏的方法。首先需要声明一点，寻找适合自己的学习节奏绝对不是一蹴而就的事情，需要耐下心来，从多个角度进行尝试、判断、调整、适应，最终才能找到适合自己的学习节奏。下面给大家介绍一些角度和"标准"，希望对大家的自我实践有所帮助。

第一，先从心情、时间、效率角度进行寻找尝试。在寻找适合自己的学习节奏的过程中，"心情"、"时间"、"效率"这几个关键因素是你首先要考虑的角度，适合自己的学习节奏往往是心情舒畅的，完成任务用时在预期中，处理问题效率高的状态。

判断自己的学习节奏是否处于一个心情、时间、效率比较合适的状态中的标准首先是"高兴"，所谓高兴就是在学习的过程中一点都不烦躁，遇到难解决的问题也不会退缩，而是会积极努力地去解决，整个学习过程都不是别人逼着完成，而是自己自愿去进行的；

其次的标准是"时间预期准确"，所谓时间预期是指自我评估完成相应学习任务的时间长度，针对相应的学习任务，我们往往会有一个完成时间的预期，如果每次真正完成的时间都在你的预期之内，说明你的学习节奏是合适的。

另外的一个标准是"保证自己可以接受的学习效率"，适合你的学习节奏一定是一种相对高效的学习状态，不同的人理解的"效率"可能是不同的，但无论你如何理解，在适合你的节奏中进行学习一定是可以保证在你预期的学习时长中完成足够量的学习任务，如果能够达到自我的这个要求，说明你的学习效率达到了合理节奏的要求。下面给大家讲几个故事，在故事中大家可以体会一下什么是"心情舒畅、做事高效"的学习节奏，也希望下面的故事能够帮助大家找到适合自己的学习节奏。

故事一：

第一个故事来自于我的一次判断失误，我曾有一个必须戴着耳机听着歌才能学习的学生，每天高高兴兴地学习，学习效率很高，成绩很好，就是有一个"毛病"——学习的时候一定要带着耳机听歌。我当时的判断是，如果她能够摘下耳机，静心学习的话，效率一定会更高，为此，我让她配合我做了一个试验，来证明我判断的"正确性"。我让数学老师帮忙出了两份 50 分的题目，这两份题目考查的是同一个知识内容，但题目不相同，出题时，数学老师告诉我，这两份题目正常情况下，我要试验的这个学生都可以在半个小时内做完，并且一定会得满分。

带着数学老师的预测，我们开始了测试：第一份题目，我让她带着耳机，像平时一样进行；第二份题目，我让她摘掉耳机，安安静静地完成。我的预期是即使两份题目都得满分，第二份题目完成的时间一定会比第一份题目快。结果却让我大吃一惊，第一份题目，她悠哉闲哉地用了 19 分 30 秒完成，成绩是 50 分；第二份题目，她做的时候明显带有痛苦状，结果用了 27 分钟 14 秒完成，成绩也是 50 分。看到这个测试结果我意识到我判断失误了，从学习节奏的角度分析，适合这个同学的，可以让她"高兴""高效"进行学习的节奏与我的想象相差甚远……

故事二：

第二个故事来自于我另外一个"另类"的学生，这个学生学习效率奇高，一般他认真努力学习半个小时的学习量相当于别人一个小时左右的学习量，但他却有一个让我无法理解的"毛病"，用他的话说"我只能学习半小时，半个小时后，无论学习任务完成到什么程度都必须休息一段时间，才能再继续学习，如果学习超过半小时而不休息，就会很痛苦，就会怎么也学不进去了，延长的这点学习时间纯属浪费时间"。我当时完全不能理解他的话，认为他是在给自己找借口，在我看来，他那么高效的学习过程中间被打断太可惜了，不如一直进行下去，这样他的成绩一定会更加有保障。

为了说服他，我也和他做了一个试验：我再次请求数学老师帮忙出了 100 道题目，并将 100 道题目分成两份试卷（每份试卷都有 50 题），试卷中每一个题目的难度都是相当的，并且所考内容据数学老师的判断他都可以处理，每一份 50 题处理完毕至少需要三个小时时间。试验做了两次，第一次试验连续进行一个小时，前半小时算一个阶段，后半小时算一个阶段，分别对两个阶段完成的题目进行计数和判断正答情况；第二次试验也是进行一个小时，只不过前半小时与后半小时之间加了 15 分钟的放松休息时间。实验的结果还是出乎我的意料，第一次试验前半小时他完成了 13 道题目，全部正确；而连续进行的后半个小时他完成了 1 道题目，也是全部正确。第二次试验前半个小时他完成了 12 道题目，全部正确；休息后再进行的后半个小时他完成了 14 道题目，也是全部正确。结果说明他对自己学习节奏的把握是正确的。

我心目中"理想的学习节奏"是：踏下心来，安静认真地学习，学习过程中心情舒畅，整个学习过程一鼓作气，直到将自我预期的学习任务完成为止，中间不间断。之所以有这么一个心目中理想的学习节奏，是源于更多学生的启示，对于大部分我的学生而言，上面我描述的学习节奏是更加适合的学习节奏。

第二，让自己感觉自信满满而学有余力。适合你的学习节奏一定是会给你带来自信的状态，在这个状态中你始终又应该有一种学有余力的感觉。

我上小学的时候，父亲曾对我说过这样的话：好好学习，但一定要把玩的时间腾出来，如果小学你都没有时间玩，那么你怎么上初中？！等我上了初中，父亲又对我说了类似的话：除了学习，一定要留玩的时间，如果初中你都没有时间玩了，那么怎么上高中？不用我多说，大家也应该猜到了，到了高中我又听到了父亲说了同样的话：高中都没有玩的时间，那么大学就没法上了！父亲的话帮我找到了一种学习的标准，找到了一种"高兴"而又"高效"的状态，找到了一种"自信满满、学有余力"的节奏！

因此，请不要着急，请积极尝试，记住没有必要跟风学别人，努力找到属于自己的学习节奏最重要，加油吧！

超哥说：

我心目中"理想的学习节奏"是：踏下心来，安静认真地学习，学习过程中心情舒畅，整个学习过程一鼓作气，直到将自我预期的学习任务完成为止，中间不间断。

第 6 章

预习：不求学会，但求有备

优等生经验谈——伊明

"上课时的听课效率如何提高呢？以我的经历来看，课前要有一定的预习，这是必要的，不过我的预习比较粗略，无非是走马观花地看一下课本，这样课本上讲的内容、重点大致在心里有个谱了，听起课来就比较有针对性。预习时，我们不必搞得太细，如果过细，一是浪费时间，二是上课时未免会有些松懈，有时反而忽略了最有用的东西。"

■ 预习是学习成功的第一步

预习就是预先学习，具体而言，是指学生在上课前自学有关新知识的学习过程。它是学习成功的关键一步。

预习是学生在学习过程中一个必不可少的环节，对学习效果影响很大。一位优秀的高中生说："**预习是合理的'抢跑'。一开始就'抢跑'领先，争取了主动，当然容易取胜。**"

对北京市1000名初一至高三学生的调查结果显示：重点学校有25%的学生、普通学校只有17%的学生能够达到预习要求。也就是说，至少有75%的学生没有预习的习惯。究其原因，在于他们没有真正认识到预习的好处。

预习能给接着要上的新课打好基础，有助于提高听课效率。一项调查显示：在初中学生中，经常预习的学生的数学平均成绩要高于不做预习的学生的平均成绩，而且差异显著。

同样的年龄，坐在同一间教室里，听同一位老师讲同样的内容，但同学们对新课的理解和吸收程度却有很大的差别，其原因就是不同的同学听课的起点和接受能力不同。

有的同学课前不预习，上课时才匆匆打开课本，对新课内容一无所知，听课完全处于一种盲目被动的状态，听天由命，一节课下来有的听懂了，有的似懂非懂，有的甚至就是听天书。而有的同学听课是有备而来的，课前做了充分的预习，对所学新课有了整体的了解，对新课要讲什么，重点是什么，难点是什么，做到了心中有数，听起课来如鱼得水。

■ 超哥三步预习法

怎样进行预习？！我建议的预习方法是：边看课本，边动手记录。我建议的读课本的顺序为："**目录→前言（绪论）→需要预习的内容**"。具体过程详述如下：

对于学科学习的预习而言，建议只用课本即可，不建议再增加其他材料（如练习册、教辅书等）的阅读和使用，建议准备一个专门供预习用的记录本，在读书过程中，把所阅读的知识、思路、问题等内容记录下来，以备学习时参阅，这样边读书边记录的过程，会让你预习效率提高的同时，还留下了完整的学习过程记录，这些记录将成为学习后笔记的整理和整体知识的复习不可或缺的宝贵资料。无论你预习的是课本中哪一章节的知识内容，建议你都从"预习目录"开始，预习目录对于你的预习来说具有两大好处：

其一，由于目录中都会列出本章节知识的逻辑框架，通过阅读目录，你可以很轻松地了解本章节所需要学习的知识线索，让你做到在更为细致的预习工作时心中有数；

其二，翻看目录你会很明显地看到所需预习章节的内容在整个知识体系中的位置，了解本章节知识内容与前后章节知识内容的逻辑联系，有助于你从更广阔的角度理解知识，帮助你在细节知识预习时进行拓展性思考。

预习目录的时间不必很长，采用"浏览"的方法进行阅读即可。浏览过目录后，接下来建议你"预习前言（绪论）"，目录中所能提示的信息相对来说是很少的，知识之间的逻辑关系很多时候并不那么清晰，为了更进一步明确你所预习章节的知识在知识体系中所处的具体位置，及它与其他知识内容之间的具体联系，建议你通过预习前言（绪论）去找到更明确的答案。预习前言（绪论）的时间同样没有必要很长，也是采用"浏览"的方法进行阅读即可。

通过预习目录和前言（绪论），你已经基本明确所要预习的内容的知识梗概了，接下来正式进入到"预习'需要预习的内容'"。这一步才是真正的预习，建议采用"学科学习阅读"的方法进行阅读。

首先，通过阅读整理出本部分内容的主线索，将这个主线索记录在预习记录本上。接下来在这个主线索的基础上，分别进行主线索上每一部分的细节阅读，再将相关细节部分知识的脉络进行整理并记录在预习记录本上，在整理细节知识脉络的时候，你会发现有些内容是你通过阅读就已经自己明确并解决了的，但有些内容是你通过阅读还不清楚的，请分别将这些内容记录在预习记录本上，并用不同标记符号记录，以备老师讲解时进行补充和解决。

将本部分预习内容通过阅读整理完毕后，建议你回过头再整体的浏览一次你所预习部分的内容，做到"你认为预习没有遗漏下知识点"即可（你认为没有遗漏并不代表真的没有遗漏，所以无论你自认为预习效果如何，都需要在上课的时候认真听讲，认真完善和补充）。

需要说明一点，以上在预习需要预习的内容时使用的"三步预习法"（**整理主线索→细节知识脉络整理及记录→返回整体浏览**），做到你自己认为满意即可（整理记录的主线、细节知识脉络等不一定是科学、准确、完整的，写出自己的认识最重要），细节做法你也可以根据自己的习惯进行调配，但建议你运用这个大思路进行预习，并一定要将自己预习的过程完整地记录在预习记录本上。

最后特别强调一点，在进行预习时，请不要大量做题（如果是复习的内容的预习，可以适当做一些题目，帮助提示预习的思路和知识点），尤其是针对新学知识内容，做题便是你的预习思路禁锢在题目上，不利于整体知识的理解。

■ 预习要"因科制宜"

各门课程都有各自的特点和规律，因而预习方法也不尽相同。若是在预习前就把握课程的特点，那么预习的效率也就会大大提高。

（1）预习语文的方法

语文课多是由一篇一篇内容上不关联的文章组成，它的知识的连续性主要表现在字、词、句的含义和语法上。预习语文的一般步骤是：首先通读课文、注释以及习题，划出生字、生词和不好理解的句子。其次，查工具书，即给生字注音，给生词注释以及解决一些可以解决的问题。再次，尝试归纳出课文的中心、段意、人物特征、表现手法等，可用作听课时与老师的讲解对照，以加深理解。

（2）数理化的预习方法

数学、物理、化学等课程的重要特点是：知识的连续性特别强。所以数理化课程虽然也可以作及时预习，但集中时间做阶段预习、学期预习，学习效率会更高一些。数理化课程预习时可采用以下方法：首先，阅读课文，理解定理、定律、公式、常数等。定理、定律、公式、常数、特定的符号等，是学习数理化课程的最重要的内容，预习时要重点理解，牢牢记住的。其次，扫除绊脚石。数理化的知识连续性强，前面的概念不理解，后面的课程就无法学下去。预习的时候发现学过的概念有不明白、不清楚的，一定要在课前搞清楚。最后，试做练习。数理化课本上的练习题都是为巩固所学的知识而出的。用来检验自己预习的效果。预习效果好，一般书后所附的习题是可以做出来的。

（3）英语的预习方法

英语预习可以分为单词的预习和课文的预习两部分。单词的预习可以先看课后的单词表，也可以直接在读课文中划出不懂的单词，这样可以把以前学过的没掌握的单词一并找出来学习。在课本上，尝试着用铅笔划出英语习惯用语、固定搭配和句型，接着预习课文，先自读课文，了解课文大意，再接着可以尝试翻译课文，把不能自己翻译的句子标记下来。

■ 你必须知道的 4 种阅读方法

作为老师，为了能够让课堂更有效率，也为了让学生体验更多类型的学习过程，半年前，我有意识地尝试了一种较为大胆的教学方式——对于课本描述很清楚，知识内容相对好理解的内容，我有意识地放手让学生通过"阅读"和"自我总结"的方式进行学习。结果发现，我们的学生阅读能力颇有欠缺。细细想来，好像从小到大，孩子们接触到的学习过程更多是灌输式的，自我阅读学习的机会确实相对较少。并且从教育者的角度想来，我们好像从来没有教过学生如何阅读，甚至教育者本身都没有很好的阅读习惯和阅读方法（以我本人为例，从小到大，好像从来没有老师教过我如何阅读）。虽然我本人也是一个阅读的初学者，但通过阅读，也有了一些自己对阅读的认识，总结如下供大家讨论交流。

首先，培养阅读习惯很重要！让自己每天有 50 页的阅读量（如果时间允许最好能够达到 100 页）是必需的，无论你有多么忙！应该让阅读成为我们生活的一个组成部分！

毛主席十分爱读书，就连洗澡的时候也要拿着一本书放在一旁，吃饭时也不忘继续阅读，由于毛主席工作忙，所以只能用这点时间看书。毛主席在延安的时候，曾经用十天的时间读完了《鲁迅全集》，真了不起！有一次，毛主席发烧到 39 度，医生告诉他要休息、不可以看书，主席听后难过地说："我一生爱书，现在你们不让我看书，叫我躺在这里，整天就是吃饭、睡觉，你们知道我是多么地难受啊！"工作人员不得已，只好把拿走的书又放在他身边，他这才高兴地笑了。

他总是挤出时间看书。他的中南海故居，简直是书天书地，到处都是书，床上除躺卧的位置外，也全都被书占领了。为了读书，毛泽东把一切可以利用的时间都用上了。外出开会或视察工作，常常带一箱子书。一有空闲就看起来。晚年虽重病在身，仍不废阅读。他重读了解放前出版的从延安带到北京的一套精装《鲁迅全集》及其他许多书刊。

他反对只图快、不讲效果的读书方法。重点书他总是一篇篇仔细研磨，从词汇、句读、章节到全文意义，哪一方面都细细滤过。对一些马列、哲学方面的书籍，毛主席反复读的遍数就更多了。《共产党宣言》、《资本论》等，他都反复读过。许多章节和段落还作了批注和勾划。

毛主席每阅读一本书，一篇文章，都在重要的地方划上圈、杠、点等各种符号，在书眉和空白的地方写上许多批语。有的还把书、文中精当的地方摘录下来或随时写下读书笔记或心得体会。毛主席动笔读书，还纠正原书中的错别字和改正原书中不妥当的标点符号。

他还提倡"古为今用"，非常重视历史经验。在他的著作、讲话中，常常引用中外史书上的历史典故来生动地阐明深刻的道理，他也常常借助历史的经验和教训来指导和对待今天的革命事业。

接下来，根据我的认识，谈一谈我认为可用的阅读方法。为了描述的方便，现根据不同的阅读目的将阅读方法分为四种类型，即学科学习式阅读法、科学性阅读法、体验式阅读法、娱乐式阅读法。

（1）学科学习式阅读法

目的：深入理解书中的学科知识，以期对所学习的书中大部分知识进行记忆，并可以将这些知识在考试时进行解题应用。

具体方法如下：

① 四遍阅读

你可以以一本书作为阅读单位，也可以以一本书中的一个单元作为一个阅读单位，也可以以一本书中的一章作为阅读单位，也可以以一本书中的一节作为单位，甚至可以以一本书中的一个段落作为阅读单位

确定好阅读单位后，开始进行阅读：

第一遍：泛读，即快速浏览内容，找出阅读部分指向的基本问题或框架脉络。

第二遍：精读并记录，即细致阅读，理解泛读中找出的基本问题或框架，在书中具体解决或描述过程中，把你能够明白理解的问题和你不太能够明白理解的问题分别用笔记录在笔记本上。

第三遍：精读并进一步理解在第二遍阅读过程中能够理解的问题，通过查找资料等方法进一步拓展相关问题，直到彻底理解相应问题为止，如果在拓展过程中遇到不太明白的问题，也请记录下来。

第四遍：精读并试着进一步理解在第二遍和第三遍中不能理解的问题，通过查找资料等方法试着自己解决问题，如果实在解决不了，请将问题标记清楚，留待后续通过同伴学习或者老师答疑等方法解决。

② 多次数阅读

每一次阅读都采用四遍阅读法进行。

在高考之前，一般情况下，每一学科书目都需要进行 15 次阅读（即共需要 60 遍的阅读量）。

注意：

不用担心时间问题，因为阅读过程中一般情况下每一个学科的第一次和第二次阅读可能需要时间稍长，后面 13 或 14 次阅读时间会比较快，并且在阅读中会越来越有信心，提醒大家每一次阅读都需要用笔进行问题记录，留作材料，你会发现，读五次以后就没有什么新的问题需要记录了。不用担心记不住，因为多次重复后，你自然而然地就会记住了。

（2）科学性阅读法

目标：通过阅读进行学习和自我思考，从阅读中可以提升自己，扩充知识，以达到自我发展的目的，这种阅读往往是有自我设计的，有明确目的的阅读过程。

① 选择书目，阅读目录和前言，根据自己的目的慎重选择书目，并在整书阅读之前仔细阅读目录及前言，了解本书整体写作框架及写作意图，看一看是否符合自己的阅读目标。

② 三遍阅读

第一遍：泛读，即快速浏览内容，找出阅读部分指向的基本问题或框架脉络。

第二遍：精读，即细致阅读，理解泛读中找出的问题书中是如何解决的。

第三遍：反读，即找点阅读，通过泛读、精读，我们已经知道了书中指向的基本问题和书中解决相应问题的方法和思路，接下来需要静下心来想一想自己感兴趣的问题点（如不太明白但想搞明白的点，如特别认同的点，如不很认同的点，如自己特别感兴趣希望深入的点等等），再仔细阅读一下相应兴趣点的具体内容，并在此基础上通过自己的思考，做出自己的选择或得出自己的结论。

③ 记，通过读书笔记、札记、文章等不同形式，将自己阅读的所思所想写出小记，作为思想的沉淀和积累。

④ 重中之重的是坚持，长期的坚持一定会有所收获的！

（3）体验式阅读法

目标：通过阅读增长见识，希望从阅读中理解作者的观点、意图。

① 选择书目，根据自己的目的选择书目（按类别选择即可，不用像科学阅读那样慎重选择到具体书目）；泛读目录和前言，了解本书框架和内容，做到心中有数，如果感兴趣，可以进一步试读（找自己感兴趣的章节或文章进行泛读），如果觉得适合自己的兴趣，可以进行整书阅读，如果不感兴趣，可以放弃本书，再选择其他适合自己的同类书目。

② 两遍阅读

第一遍：泛读

第二遍：精读

③ 如果阅读过程中，与作者产生了共鸣或有了自己的深入思考，可以进一步反读，并做读书笔记，让自己对相应观点进行深入思考并得出自己的结论。（即从体验式阅读转换到科学阅读的过程）

（4）娱乐式阅读法

目标：通过阅读愉悦身心，希望从阅读中了解一些新的、自我感兴趣的信息。

① 可以不用刻意选择书目，最好是随机性的、信手拈来式的选择，

作为信息获取的目的，可以更广阔地涉猎不同类型的读物。

② 翻看翻看目录和前言，看看是否感兴趣，根据目录和前言可以选择性地在书中找一些自己感兴趣的章节阅读。

③ 如果对感兴趣的部分觉得泛读就足够满足自己的要求，泛读即可；如果觉得还希望进一步了解作者内涵的内容，可以进一步精读甚至反读，并做读书笔记，让自己对相应观点进行思考并得出自己的结论。（即从娱乐性阅读转换到体验式阅读甚至科学阅读的过程）

最后特别提醒大家，四种阅读方法，仅仅是根据阅读目标不同而进行的分类，真正在阅读过程中，四种方法可能是混合使用的，请不要拘泥于具体方案！以上阅读方法，仅仅是作者通过阅读而总结出来的一些经验，请大家参考使用，如果大家有什么自己的阅读经验总结，欢迎交流！

■ 世界名人的阅读方法

恩格斯的读书法

恩格斯的读书方法之一是重视读原著，一般不轻易使用第二手、第三手材料。从其阅读过的书目来看，他虽然也读过大量的通俗小册子，报刊等，但花工夫最大，读得最多的还是那些经典原著。他认为，系统读原著是从事研究的一种正确的读书方法。这样，可以了解一个理论的产生、发展和完善的过程，不仅可以全面系统地掌握基本原理，而且可以掌握其发展过程，了解这一理论的全貌。

杰克·伦敦的"饿狼式"读书法

美国作家杰克·伦敦经过苦难磨练，十分珍视读书机会。他遇到一本书时，不是用橇子偷偷撬开它的锁，然后盗取点滴内容，而是像一头饿狼，把牙齿没进书的咽喉，凶暴地吮尽它的血，吞掉它的肉，咬碎它的骨头！直到那本书的所有纤维和筋肉成为他的一部分。

杨振宁的"渗透"读书法

杨振宁教授认为：既然知识是互相渗透和扩展的，掌握知识的方法也应该与此相适应。

当我们专心学习一门课程或潜心钻研一个课题时，如果有意识地把智慧的触角伸向邻近的知识领域，必然别有一番意境。在那些熟悉的知识链条中的一环，则很有可能得到意想不到的新发现。

对于那些相关专业的书籍，如果时间和精力允许，不妨拿来读一读，暂时弄不懂也没关系，一些有价值的启示，也许正产生于半通不通之中。采用渗透式学习方法，会使我们的视野开阔，思路活跃，大力提高学习的效率。

毛姆的"乐趣"读书法

英国作家毛姆提出"为乐趣而读书"的主张，他说："我也不劝你一定要读完一本再读一本。就我自己而言，我发觉同时读五、六本书反而更合理。因为，我们无法每一天都有保持不变的心情，而且，即使在一天之内也不见得会对一本书具有同样的热情。"

爱因斯坦的"总、分、合"三步读书法

所谓总，就是先对全书形成总体印象。在浏览前言、后记、编后等总述性东西的基础上，认真地阅读目录，概括了解全书的结构、体系、线索内容和要点等。

所谓分，就是在"总"体了解基础上，逐页却不是逐字地掠读全文。在掠读中，要特别注意书中的重点、要点以及与自己需要密切相关的内容。

所谓合，就是在掠读全书后，把已经获得的印象条理化、系统化，使观点与材料有机结合。经过认真思考、综合，弄清全书的内在联系，以达到总结、深化、提高的目的。

余秋雨的"畏友"读书法

散文家余秋雨提出："应该着力寻找高于自己的'畏友'，使阅读成为一种既亲切又需花费不少脑力的进取性活动。尽量减少与自己已有水平基本相同的阅读层面，乐于接受好书对自己的塑造。我们的书架里可能有各种不同等级的书，适于选作精读对象的，不应是那些我们可以俯视、平视的书，而应该是我们需要仰视的书。"

超哥说：

在进行预习时，请不要大量做题（如果是复习内容的预习，可以适当做一些题目，帮助提示预习的思路和知识点），尤其是针对新学知识内容，做题会使你的预习思路禁锢在题目上，不利于整体知识的理解。

第 7 章

听课：不怕走神，怕不留心

优等生经验谈——沈鹏——考入清华大学

"上课时认真听课当然是必需的，但就像我以前一个老师讲的，任何人也无法集中精力一节课，就是说，连续四十多分钟集中精神不走神，是不太可能的，所以上课期间也有一个时间分配的问题，老师讲有些很熟悉的东西时，可以适当地放松一下。

另外，记笔记有时也会妨碍课堂听课效率，有时一节课就忙着抄笔记了，这样做，有时会忽略一些很重要的东西，但这并不等于说可以不抄笔记，不抄笔记是不行的，人人都会遗忘，有了笔记，复习时才有基础，有时老师讲得很多，在黑板上记得也很多，但并不需要全记，书上有的东西当然不要记，要记一些书上没有的定理定律、典型例题与典型解法，这些才是真正有价值去记的东西。否则见啥记啥，势必影响课上听课的效率，得不偿失。"

■ 上课听讲 VS 睡觉

课堂是获取知识最为有效的场所。课堂中老师对知识结构的清晰整理，对知识点的透彻讲解，都会对你的学习起到事半功倍的作用，由于老师的存在，课堂中学习知识的效率会比你自学提高几倍甚至更多，因此抓住课堂学习是高效学习的关键。毫无疑问，"认真听课"是保障课堂学习效率的核心，怎样的听课才是"认真"，有没有什么具体的方法提高听课的"认真"程度呢？别急，先听我讲几个故事，故事中的主人公会让你对"课堂"、对"认真"有更加深刻的认识。讲故事前先要说明一下，以下故事中的主人公都是正常的学生，没有智力低下的特殊情况，也没有所谓智力超常之类的特殊情况。好，我们现在开始。

故事一：

故事一来自于一个自学能力很强，长期在家"拼命"学习，却在课堂上睡觉（一节课的大部分时间都在沉沉的睡梦中度过）的孩子。这个孩子每天晚上都会努力学习到十一点以后，除了老师留的作业以外，还会经常根据自己的情况给自己加作业，可能由于自学得太辛苦，所以不得不利用课上的时间睡觉，结果是这个孩子知识理解很糊涂，成绩自然也很不理想。

故事二：

故事二同样来自于一个课上睡觉的孩子，与第一个故事中的主人公的深沉睡眠不同，这个孩子在课上的睡眠状态是时睡时醒的，醒着的时候会听课并作笔记，这个孩子不会在家熬夜学习，更不会给自己多加作业，但是奇怪的是，这个孩子对知识的理解非常清晰透彻，成绩也非常好。

故事三：

故事三的主人公是一个课上绝对不会睡觉的孩子，眼睛时而紧盯老师，时而关注课本和笔记，回家绝不会熬夜学习（她自己说每天晚上9:30之前一定睡觉了），从来没有看到她上过补习班，除了老师留的作业外，从来没有见过她给自己加题，但这个孩子对知识的理解也是非常清晰透彻的，成绩始终名列前茅。

故事四：

故事四的主人公上课也绝对不会睡觉，整个课堂她都会紧紧跟住老师，眼睛从来不会离开老师，并与老师有很好的眼神呼应（因此，没有见过她记笔记），课下还会参加补习班，除了老师留的作业外，也会找额外的题目巩固自己的知识，偶尔会熬一下夜，就是这么一个"认真"的孩子，对知识的理解却始终是混沌的，学习成绩也总是垫后的。

故事讲完了，我们回过头来看一看，很明显，故事二、三的主人公是成功案例，他们虽然外在表象不同，但毫无疑问，他们课堂学习的高效却是共同的，由于课堂学习效率的提高，而使他们的学习轻松而有效；反观故事一、四的主人公，"课堂效率低"是他们共同的特点，虽然他们课下都做了大量的弥补工作，但效果却很微弱。从上面的四个故事中我们至少可以得到以下结论：

① 额外的作业和补习是无法弥补你课堂低效的损失的；

②　课堂效率的提高，绝不是"看上去认真"就能保障的，为了提高课堂的听课效率，你需要寻找到适合自己的真正"认真"；

③　高效的课堂可以让你事半功倍地轻松应对学习；

④　有效的听讲和笔记是保障课堂听课效率的关键所在。

■ 紧跟老师的授课节奏

下面我就"有效的听讲"、"真正的认真"等具体问题做更加细致的讨论。要想做到"真正的认真"和"有效的听讲"，最重要的是要抓住"课堂的节奏"，一般情况下课堂的节奏是由老师掌控的，因此，紧跟老师的授课节奏就是"有效听讲"和"真正认真"的基础。"紧跟老师的授课节奏"具体的做法有三个方面：

（1）**熟悉老师的授课风格，抓住课堂的基本流程。**每一个老师都有自己的授课风格，不同的授课风格会使得对应的课堂基本流程也会不同，有些老师习惯把本课的重点难点在上课一开始的时候就开门见山地抛出来，然后再逐步解决；有些老师习惯先进行铺垫，然后再把本课的重点难点抛出，抛出之时就是解决这些问题的时刻……但无论什么风格的老师，每一节课都是要有重点问题需要解决的，解决问题的基本流程虽然因人而异，但都会包括问题的引出、问题的解决和结论的获得等几大部分，熟悉老师的授课风格，抓住课堂解决问题的流程会让你的听课变得更加高效。

（2）**不要不记笔记，也不要总是忙着记笔记。**每一节课都是老师精心设计和准备的，每一个老师都会最大限度地让自己的课堂清晰、高效、内容丰富，因此，老师对知识细节的梳理和讲解是课堂的核心，如果你一直在忙着记笔记而忽略了老师的讲解，那一定是得不偿失的；但如果你只是在听讲解，而没有留下任何重要的记录，估计很快你就会把听到的讲解遗忘得无影无踪，就像没有听讲一样。关于如何记笔记，我们会在后面做详细说明。

（3）**抓住本课的重点和难点，设计自己课上的"走神点"。**前面已经说过，每一堂课老师都是要解决一个（或几个）"重点、难点问题"的，而这些重点难点问题的解决一般不会占据整节课的时间；同样，听课的人也很难整节课都精神集中，像我们故事 3 中的主人公一样，只要你能够抓住一堂课中最为重要知识点的解决，其他的时间你是可以走神的，但千万不要反过来—— 在可以走神的地方认真听讲，而在需要认真听讲的时候却走神了—— 那你的听课一定会悲催到家的。一般情况下，45 分钟的一节课，老师解决重难点问题所花费的时间会在 30 分钟左右，只要你能够跟住老师的节奏，判断好需要认真听课和笔记的时间点，那么一堂课中即使有走神的现象出现，你的听课效率也是不会受到影响的，至于如何设计走神点，那只能根据你老师的风格和你的适应情况而定了（总归记住，不要在重难点知识内容讲解的时候走神就对了），希望你拥有"能够走神"且"认真听讲"的课堂。

■ 学会记笔记：笔记做厚，习题做薄

课堂笔记是每一堂课老师授课的精华，也是复习时第一手的参考资料，其重要性不言而喻。关于笔记的具体方法我们详述如下："记笔记"是很一件讲究的事情，准备工作一定要做充分，从所用的笔记本和笔到记笔记的姿势、符号的运用再到字体的大小等等方面都是需要我们注意的：

（1）**笔记本**。对于笔记本的选择一定要自己喜欢，且足够大。喜欢是为了提升做笔记的兴趣和认真程度，足够大是为了笔记记录时更加方便（知识框架的梳理和记录，太小的笔记本一页是放不下的），可以记录的内容更多（对于中学生来说，建议使用 A4 纸大小的本子作为笔记本使用）。

（2）**笔**。笔的选择最好使用铅笔，同时建议准备多种颜色。铅笔记录一是便于保存（即使笔记本不小心沾到水，所记录内容也不会变"花"，便于较长时间的保存），二是便于笔记整理是的修改、补充（即使修改、补充也还是能够保证笔记本的干净整洁，这样的笔记会让人赏心悦目的）。

（3）**记笔记的姿势**。记笔记时的姿势要让自己"舒服"（身体舒服、心理舒服、写字的动作也舒服），可以较长时间进行笔记，建议按照标准的写字姿势进行，这样的姿势既可以保证自己写字的速度又可以保证

自己身体的健康。

（4）**符号的运用。** 记笔记时要求一定的速度，因此，建议在笔记记录的时候多多使用简明的符号，也可以自己创造一些只有你自己认识的符号进行使用，记笔记时使用这些符号，等到课后整理笔记的时候，再把这些符号还原成文字，以便复习时使用。

（5）**字体的大小。** 在记笔记的时候，建议使用比较大的字体进行记录，使用大字体的好处有两个，其一是可以保证记录的速度，其二是便于笔记整理的时候不会遗漏。

做好了准备工作，我们接下来说一说课堂笔记记录时需要注意的一些具体做法：

第一，**如果你有预习习惯的话，请在记笔记的时候也把预习记录本展开在眼前。** 预习已经让你对这一部分知识内容有了一个初步的了解，如果你在预习时记录下来的知识内容恰好与课堂讲授的内容具有一一对应的关系，那么在你的课堂笔记本上，只需要记录下老师补充的内容即可；但如果你预习时记录下来的思路与老师授课的思路是不同的，在上课时候请使用后续的方法"重新"做课堂笔记，暂时"放弃"与预习时的比对，等课后复习的时候再进行比对工作。

第二，**记录老师上课的思路，是课堂笔记的第一原则。** 好的课堂笔记是可以帮助你在复习的时候回忆起老师上课时的基本思路的，建议你使用"标题"和"箭头"将老师整个课堂的思路记录下来，"标题"可以使用老师上课时板书的标题，也可以根据自己对学习内容的理解自编标题（比如使用问题背景、问题提出、问题解决思路、最终结论等）将本节课的老师授课要点罗列出来；然后使用"箭头"，按照老师上课的思路将每一个标题串联起来，显示出本节课的完整思路。

　　第三，知识细节请记录"精华"（知识梗概）。课堂笔记不是复读机，千万不要把老师说的每一句话都记下来（一般人没有这样的能力进行记录，即使你有这样的速记能力，也不要这样做，这样做既会使自己的听课疲惫不堪，还会造成听讲的低效，更可怕的是在笔记中无法显示出上课的思路和重点的内容）。你需要做的是，在相应的"标题"下，记下来本课最最重点的知识要点或者知识梗概，在记录的时候，也不要边听讲边记录，建议听老师讲完一段后，再行记录，在笔记本上记下的是老师所讲这段话的"段落大意"。

　　第四，"问题"一定要及时记录下来。如果你有预习的习惯，你的预习记录本上会记录有你相对比较明白的问题和不太确定的问题，在课堂听讲的时候，你需要对预习时的相关问题做补充或者做解决，补充和解决的内容是你需要记录在笔记本上的"问题"；在听讲的过程中，随着思考的深入，你会随时产生一些"疑问"，由于课上时间有限，很难在课上马上解决，因此，这些随时产生的问题也是你需要及时记录在笔记本上的"问题"，这些问题请在课后及时进行处理，随着这些问题的解决，你对知识的理解会更加深入。这里强调，一定要把"随时"产生的问题进行"及时"的记录，以免课后忘记，同时强调，在课堂学习的时候，当记录下这些问题后，请马上"忘记"这些问题，在课堂上紧跟老师的思路才是最重要的，这些"随时"的问题可以放到课后去解决。

第五，课后一定要进行笔记的整理工作。除了课堂上的听讲和笔记，课后对课堂笔记的整理也是学习的重要过程，千万不要忽略（关于笔记的具体整理方法，我们会在后面的内容中做详细讲解）。

 超哥说：

课堂是获取知识最为有效的场所。课堂中老师对知识结构的清晰整理，对知识点的透彻讲解，都会对你的学习起到事半功倍的作用，由于老师的存在，课堂中学习知识的效率会比你自学提高几倍甚至更多，因此抓住课堂学习是高效学习的关键。

第 8 章

复习：学而时习，温故知新

🎬 镜头八："一到大考就晕"

甲同学头脑灵活、思维敏捷，平时的单元测验成绩一直很优秀。可一到"大考"的时候，跨章节跨系统的能力型综合试题总是做不对。但分析试卷之后，他又恍然大悟："噢!原来这儿和那儿是有关系的……"

🎬 镜头九："这是什么时候学的"

乙同学每天上课之前都非常认真地预习，课上也专心致志地听讲，回家写完作业后马上又投入到新课的预习之中。但是每次考前复习的时候，她都觉得许多知识好像还很生疏，甚至有些已记不清是什么时候学的了……

■ 勤于回顾，善于总结

甲同学和乙同学的问题在中学生中是比较普遍的。这是一种很重要的学习能力的欠缺，即不会"回顾总结"，它直接影响到学习效果的好坏。

回顾是有意识的回忆和再现，这是一种有效的记忆方法。如果对于识记过的知识，不定时回顾，那么一段时间过去之后，就会发生像乙同学那样的情况，即不能回忆起来或回忆有错误，这就是遗忘。

相对于乙同学而言，甲同学或许做到了回顾。但由于他还仅仅停留在这个阶段上，而没有及时地把知识条理化、结构化、系统化，更没有从总结之中培养自己分析问题、解决问题的能力，所以对综合性的考查就有些"吃不消"了。

学习贵在"回顾总结"，即"回顾"为本，重在"总结"。

经常回顾学过的内容是掌握好各个学科基础知识的关键，是进一步提高的必由之路。所以在学习的过程中，一定要合理地进行复习，即科学的周期性的复习，只有这样才能把知识掌握牢固，而不是那种似有若无的感觉。

在此基础上，更重要的是培养自己总结、归纳所学知识的能力。系统自主的总结是使学习发生质的飞跃的桥梁，它可以使学生的知识体系更加完整，知识线索更加清晰，更有助于学生从整体上"高瞻远瞩"地把握知识。同时，在总结的过程中，学生可以自觉地发现知识间的内在联系，这对学生学习灵活性和综合运用能力的提高都是大有裨益的。

优等生经验谈——潘圣其——考入清华大学

"正确的学习态度归结于'三习'：课前预习，课上学习，课后复习。课前预习，可能有很多人认为很麻烦，其实预习很简单，粗略浏览一下，做到心中有数。课上学习，有的同学认为老师讲的太基础，高考根本用不到，这样想你就是大错特错。千里之行，始于足下，没有课堂上打下的良好基础，你断然不能在学习与高考中成功。课后复习，及时的复习可以帮助你消化学到的知识，达到'更上一层楼'的境界。"

■ 这样复习最有效

从上面的文字我们可以发现，"有效的复习"是将知识刻印到你头脑中的重要方法，那么怎样的复习才是有效的复习，怎样做才能使我们的复习工作效率提高呢？

"温故而知新"对于学习的实施来说无比关键，下面我们从三个角度分析一下"温故而知新"的具体实施。

第一，及时有效的笔记整理和补充是最好的复习手段。前面我们一直在强调，课堂的学习是学习实施最为重要的环节，而笔记是课堂学习的记录，对于笔记及时的整理和补充会对整体的学习过程大有裨益。老师的讲解和课堂笔记的记录是重点知识抽提的过程，是"把书从厚读到薄"的过程，而复习则是需要在对笔记进一步梳理清晰的基础上进行更多细节知识补充的过程，是一个"把书从薄读到厚"的过程，因此复习过程中，笔记的整理和补充是一个很讲究的过程。关于笔记整理和补充的方法强调以下四点：

（1）**如果有预习习惯的话，在整理复习笔记的时候，请拿出"预习记录"以备参考。**预习是在没有老师讲解情况下的一种自我预先学习过程，因此，预习记录上记录的内容反映的是你学习知识前对相关知识的理解水平，通过课堂学习后，你对相关的知识又有了更为深入的理解，在笔记整理和补充的时候，对预习记录做出评价和补充（看看预习时自己的思路是否合理，预习时是否有遗漏的问题，预习时提出的问题是否得到解决等），不但会使得整理的复习笔记更加完善，而且也能够提高整体复习过程的效率。

（2）**完善课堂笔记中思路框架是笔记整理的重要工作之一。**由于课堂时间有限，在你课堂笔记中记录下来的思路，可能因为种种原因你还没有消化，或者还不够完善，在做笔记整理的时候，你需要参照你的预习记录（你自己理解的思路）及课本中的思路（专业研究者理解的思路），将其与笔记上的思路（老师授课的思路）做比较，最终整理出一个适合你自己理解的思路框架来，你可以单独拿一个新的笔记本（你喜欢的，大的）作为专门的复习笔记，将最终整理出来的内容认真整齐（课堂笔记记录时可能并不整齐，条理性会较差）地写在这个新本上，也可以使用课堂笔记本，将你整理出来的思路写在本堂笔记的后面。

（3）**梳理、补充重点的知识。**在复习笔记整理时，最重要的是要将课堂笔记中没有记录下来或者没有写清楚（还记得吗？！课堂笔记在记录时，你写的更多是梗概或符号）的内容，通过回忆、再次认真地阅读课本，将这个内容书写清楚，补充到位，梳理和补充的过程就是对相关知识再次学习和复习的过程，在梳理、补充完后，建议你用不同颜色的笔将笔记中最最重点的内容强调出来，以备后面参考时使用（你可以根据你自己的习惯进行设计，比如红色笔勾画或书写的代表重要的概念；蓝色笔勾画或书写的代表重要的方法等等）

（4）及时解决预习记录和课堂笔记中记录下来的"随时"问题。预习记录中预先提出的问题如果在课上没有解决掉或者在课堂上"随时"生成的问题没有因为老师的讲解而解决，请你务必及时解决，并记录在笔记整理的最后，因为这些问题有可能就是对于你来说的"知识难点"，这些问题的遗留会造成问题的积累而让你的学习变得越来越捉襟见肘，但这些问题的及时解决不但可以帮助你更加深入地理解知识，还会对你思维的培养大有好处，"及时解决这些问题"、"整理笔记时记录下这些问题及答案"，在某种意义上讲才是真正的复习过程。

第二，"不遗留问题"地完成作业，是复习知识的关键所在。在第三章中，我们已经探讨过关于做作业的方法及其重要性，这里不再多赘述，一定要记住：及时解决作业中遇到的问题，做到每次作业都"不遗留问题"，就是最佳的复习手段。

第三，自我进行知识总结。这里强调的是"自我"的知识总结，适合自己记忆，可以帮助自己进行知识梳理的知识总结，这个总结一定是自己做出来的，这样的总结会让你所学的知识变得"一目了然"，会帮助你对知识的理解"深化到位"。

■ "做好作业"的重要性

这件事还要从我曾经教过的一个学生说起，这个学生（不提姓名了啊）给我留下初步印象的原因是她的学习成绩，从高中三年的成绩统计结果看，她在历次的重要考试中从来没有出过年级前 5 名。小姑娘属于很认真的那种类型，当时，我曾经一度认为这样的孩子一定上过很多补习班，肯定努力地比别人多做过更多题。后来，因为生物竞赛的原因，我和这个学生慢慢地熟悉了起来。熟悉后，通过了解才意识到，我原来的判断是大错特错了，这个小姑娘几乎没有上过一个课外的补习班（当然，学校的周六班不算在内），更让我吃惊的是，这个小姑娘不会多做一道老师所留作业以外的题目，最让我惊讶的是，这个小姑娘一直到高考前都是在晚上 10 点以前就睡觉了（注意，即使是实验中学的学生，因为学习，晚上 11 点以后才睡觉的也是大有人在的）。我曾经问过她，你真的从没有额外自己加过作业吗？她回答给我的原话是："为什么要自己加作业呢，老师留的作业已经够多了，自己加多累呀！"

她这句话当时让我心里一惊，确实，作为专业的老师，我们每一个老师留的作业都是有设计，有考虑，有指向，够数量的，我们每一个老师也确确实实觉得只要把我们精心布置的作业都做好，肯定是可以保证学习质量的，可是，我明知这点却还是问出那么傻的问题，充分说明我们老师对自己所留作业的重要性认识得还不够充分。

一般情况下，老师留作业是经过精心设计的，是配合当天课堂讲授内容而布置的，由于学生之间存在个体差异，老师布置作业的原则是"照顾大部分学生"（一般照顾面为全体学生的四分之三左右），因此，当天作业无论是数量还是难度可能并不适合另外一小部分学生（一般是"两头"的学生，一头是对当天知识掌握非常到位的学生，这部分学生即使不完成作业也已经达到了老师的要求；另一头是对当天知识理解不够好的学生，这部分学生对于完成老师布置的当天作业一般是很困难的）。根据这种情况，在下面的介绍中我将完成作业的方法分成了两个角度介绍，一个角度是针对大部分学生而言的作业方法和流程，另一个角度是针对小部分学生而言的"另类"作业方法，以便不同读者参考借鉴。

在你阅读具体作业方法之前，首先你需要判断一下自己"今天"属于哪类学生，是"大部分"还是"小部分"。注意，任何人在具体作业之前都需要先判断一下自己今天属于哪一类，并且只是"今天"，任何人都会有属于"大部分"的时候，也会有属于"小部分"的时候，因为不同人由于兴趣、经验、性格等方面的差异，在学习知识的时候往往会对自己相对感兴趣的东西理解得比较好，而对于自己不太感兴趣的知识理解起来就需要更多一些时间，所以"今天"如果学习的内容使你特别感兴趣而掌握非常好或者特别没兴趣而不想学的内容，那么你"今天"就属于"小部分"。如果，"今天"没有特别感觉，就是按部就班地进行学习，这样的情况下你"今天"最可能是属于"大部分"，请千万不要用学习成绩衡量你属于"大部分"还是"小部分"，学习成绩无法反应当天你的"感觉"。除了"感觉"，尝试着做一做当天作业中的某些题目（随即抽取一小部分即可），会对你做出准确的判断更有帮助：处理这些题目是非常得心应手，毫无障碍，或者处理问题时觉得处处捉襟见肘，阻碍重重，那么今天，你是那一小部分人中的一个了；如果这些题目处理起来觉得能应对，但也存在一些小问题，而这些小问题是你觉得自己有可能解决的时候，今天你应该是那一大部分人。

　　确定今天属于哪一部分人后，我们开始具体说一说完成作业的方法和流程。

　　针对"大部分学生"而言，完成作业的一般做法和流程：**"规划当天作业"→"进入到'有效学习状态'完成自己'可以处理'的作业，并'记录'下作业中遇到的'问题'"→"试着通过读书、查资料等方法自己解决作业中遇到的问题"→"自己解决不了的问题答疑解决，如果没有答疑条件请记录下来第二天答疑解决"。**

　　"规划当天作业"的具体做法是：

　　第一步，将当天所有作业记录在一张纸上（也可以单独准备一个作业记录的本子，将每一天的作业都记录在这里），建议将作业分为"硬性作业"（第二天需要上交的作业）和"软性作业"（不用上交的作业，如读书、背单词、笔记整理等，这个作业很多人会忽略，但其实软性作业对于学习来说非常非常重要，一定要保质保量完成）；

第二步，根据自己学习的情况和"今天"的心情状态对当天所有作业做一个大略的排序，以便按照排序的顺序进行作业，排序的总原则是"让自己做作业的过程越来越舒服"，有些人喜欢先做硬性作业再做软性作业；有些人喜欢先做软性作业再做硬性作业；有些人喜欢将硬性作业与软性作业穿插进行；有些人喜欢先做对自己来说比较难的科目作业再做比较容易科目的作业；有些人则喜欢先做容易的再做难的等等，总而言之，用你自己觉得舒服的方式排序即可。

做了"规划"工作后，下面我们就要"进入到'有效学习状态'完成自己'可以处理'的作业，并'记录'下作业中遇到的'问题'"，这个步骤中有三个要点：

第一，有效学习状态，说白了就是"心无旁骛"、"专心致志"的学习状态，很多人号称"人坐在那里学习"，但"心"却早就不知跑到哪里去了，一会上趟厕所、一会吃点东西，总之心思根本就没在学习上，这样的状态就不是有效的学习状态，对于高效完成作业来说，有效学习状态至关重要，它是保障作业效率的最关键因素，为了保持有效学习状态，建议你整个作业期间不吃、不喝、不上厕所（作业前将这些工作做好）。

第二个要点是，完成自己可以处理的作业，在作业过程中，有些题目可能是你存在问题不能马上解决的，请将这些题目跳过去，先把会的作业搞定，建议的做法是：遇到相应题目，20秒钟，脑子中没有思路，就跳过去，做下一个，按照这样的标准，依据规划的顺序，"一鼓作气"地完成今天所有会做的作业，在这个过程中，中间请不要休息，一直处于有效学习状态中完成，包括硬性作业，也包括软性作业。

要点三，遇到 20 秒钟没有思路的问题，建议在单独的一张纸上将其记录下来(也可以使用一个准备记录问题的本子，以便保留这些问题，这些问题的价值比你会做的内容更大；请迅速记录，一般情况下记一下题号或者问题即可，然后赶快跳过，做下一个)。

一鼓作气完成所有"会做"的作业后，接下来，我们要做的事情是"试着通过读书、查资料等方法自己解决作业中遇到的问题"，这个过程是解决作业遗留问题的关键步骤，前面已经分析过，解决作业中的问题才是作业的真正目的。这个过程一定要你"自己做"，针对第二步中你记录下来的问题，逐一通过读书、找资料的方式解决，一般情况下，你记录下来问题中的大部分都是可以通过你自我的努力解决的，在解决过程中也是你对知识加深理解，进行有效复习的过程。如果通过这样的方法依然没有解决，也不用强求，明确记录下来，有待我们下面一步解决。

最后一步是"自己解决不了的问题答疑解决，如果没有答疑条件请记录下来第二天答疑解决"。这个过程是解决作业遗留问题更为关键的一步，必须要做，并且要做得及时，建议在第三步没有解决的问题记录下来后，解决它的过程不要超过 48 小时，如果有条件最好在完成第三步"自己解决问题"后就马上解决（比如马上能够找到的同学、父母、老师等帮忙解答），如果没有条件马上解决的，提醒你第二天不要忘记找到可以解决问题的人进行深入答疑，将问题解决。（千万不要难为情，记住，这些问题就是你的学习障碍，及时解决了这些障碍，你的学习就一切"OK"了，如果这些问题积累下来，"后果不堪设想"哟！）

说完了针对大部分学生的作业方法，下面我们谈一谈针对小部分学生的。

针对"小部分学生"而言，完成作业的"另类"做法例析。

如果你属于小部分学生中的第一头（对当天知识掌握非常到位的学生），那么下面这个例子，可能会对你有所启示：

这个例子来源于我的一个另类学生，这个学生我教了他两年，两年中他很少交作业，偶尔交上来也是"空本"，但这个孩子对知识的理解非常到位，带着好奇，我询问了他"不做作业还能将知识学习到位"的原因，他告诉，我并不是不做作业，只不过，他做的作业是他自己"创造"的作业，而不是老师布置的。他自己"创造"作业的方法是"改题"，即对一个题目的题干和问题通过加条件、减条件或者换条件的方式，创造出不同指向的试题，然后再当做作业完成，他告诉我，他曾经将一道生物题，通过增、减、改的方式创造出了72道不同指向的题目，通过对题目的改造，帮助他即使不做老师布置的作业，也可以将知识学习到位。

　　这个学生的方法不是每个人都可以使用的，对题目的修改是建立在对学科知识点及知识联系都学习到位的基础上才能做到的事情，如果你觉得老师布置的作业对于你来说太过简单了，你可以试一试这个学生的方法。

　　如果你属于小部分学生中的另一头（对当天知识理解不够好的学生），你可以学一学我下面将要提到的这个学生。

　　这个学生是和我学习生物竞赛的一个学生，竞赛的知识难度相对来说是比较大的，并且知识点讲解的速度也是很快的，每次讲解完一部分内容，我都会留相应的作业供大家练习，开始的时候，几乎每一次作业这个学生都会找到我，要求我在所留的作业中画出最最基本的知识内容，他的作业就是将我画出来的最基本内容做完，日积月累下来，他找我画题的次数开始减少，并且越来越少，最后终于不再找我画题了，经过这样的学习和作业过程，最终他在全国联赛中获得了一等奖。

　　对于当天知识理解不够好的同学，请不要着急，与老师沟通好，让老师帮助你从最基本的知识作业做起，会是一个不错的学习方式。

■ 自省：三日一省，必有进益

　　我们学习的一个非常重要的作用就是"让我们自己能够自我意识、自我觉醒"，同样自我意志与自我觉醒也会反过来促进我们进行高效的学习，从而使我们进入到一个"学习→自省→更有效的学习→更深刻的自省……"的良性循环中，所以接下来我们探讨关于学习中的自省的内容。

所谓"自省"就是我们平时所说的反思，任何一个人的任何一次进步其实都是建立在自我反思基础上的。有效的预习、高效的课堂学习、全面的笔记、对于学科知识的复习、记忆、理解、总结和提升，这些都仅仅是你获得知识的过程，而要想将这些知识转化成为自己的思想、自己的能力、自己的气质，你就需要经历一个"自省"的过程。不同的人自省过程和自省的结果可能都是不同的（有些人的自省过程是沉思，有些人的自省过程是"发泄"，有些人的自省使得自己越来越自信，有些人的自省会让自己经历一个痛苦的过程而后才有所成长……），但无论什么样的"自省"过程，前提都是一样的，那就是"让自己平静下来，平静地面对自己的学习过程，客观地发现自身的优势和劣势，平静地让自身的优势慢慢生长，平静地让自己的劣势慢慢改变"。自省的过程是一个"慢"的过程，不急不躁，不慌不忙，在这样的状态中，你有充分的时间进行思考，有充足的空间进行探求，这样的过程即使没有获得你预想的收获，也是给了自己的心提供了一次"放松和休息"的机会，为自己的再次努力积攒了充足的力量，因此自省对于学习的实施过程来说是不可或缺的。

超哥说：

老师的讲解和课堂笔记的记录是重点知识抽提的过程，是"把书从厚读到薄"的过程，而复习则是需要在对笔记进一步梳理清晰的基础上进行更多细节知识补充的过程，是一个"把书从薄读到厚"的过程，因此复习过程中，笔记的整理和补充是一个很讲究的过程。

第 9 章

记忆：巧学妙记，举一反三

■ 镜头十：托尔斯泰记忆力体操

俄国大文学家列夫·托尔斯泰拥有惊人的记忆力，他不但精通文学、历史、哲学，而且有广博的自然科学知识，还熟练掌握了五种外语。别人问他原因是什么，他说："背诵是记忆力的体操"。原来，托尔斯泰为自己设计了一套锻炼记忆力的"体操"，他每天起床后都要求自己强记一些外语单词或其他内容的知识，天长日久，坚持不懈，这种持之以恒的记忆习惯使他的记忆力越来越好了。

英国哲学家培根说，"一切知识不过是记忆"。在学习过程中，我们经常会遇到学过了就忘，或者记不住、背不出的问题。有时候我们还会抱怨说，总是记了忘，记的速度赶不上忘记的速度。在课程越来越多、考试科目也越来越多的情况下，记忆力的好坏，也影响了学生的学习情绪和学习成绩。可以说，只有记得住，才能学得好。

优等生经验谈——马志威——考入清华大学

"我记得我当时最感兴趣学的并不是数学，而是化学。一方面是化学这门课程的确有着其魅力，另一方面还是因为我们有一个十分幽默风趣的化学老师。当时教我们的是熊老师。熊老师讲课一点也不呆板，课堂气氛十分活跃。他常常在课堂中穿插一些小幽默，引得全班同学哄堂大笑。熊老师为人也十分和蔼，愿意和同学讨论问题。我在学习化学的过程中也总结了一些经验。我觉得要学好化学，要记忆的东西肯定少不了。但是作为一门理科课程，化学也是一门重点在于理解的学科。比如说记忆化学方程式，化学中的方程式可以说是不计其数，你如果一个个硬背，那工程量就太大了。你如果知道物质的性质，再根据物质的性质来推测反应产物，记忆就变得简单得多。你如果一味地死记硬背，不重视化学原理的应用，只会越来越让自己觉得化学是一门枯燥的学科，就越难学好化学。还有一点就是要在课堂上做好笔记，做好笔记不仅方便你以后查阅，而且还会让你对所学的内容更加熟悉。有些东西光靠看可能很难记住，通过将它抄一遍你会有更加深刻的印象。"

■ 这样记忆最有效

如果知识的记录仅仅停留在笔记本上，这样的学习显然是不够理想的，如何能让我们学习的知识内容深深的记录在自己的头脑中呢？那就要学会记忆。经常听到有学生抱怨说"我脑子太笨了，什么都记不住，记点东西马上就忘！"真的是这样吗？我认为智力是后天培养的，按照这个逻辑，所谓的"脑子太笨""记不住"等都是因为没有找到好的方法所造成的，因此在学习过程中，我特别加了这一方面内容，希望对大家的"记忆"有所帮助。学会记忆的方法和建议有以下几点：

第一点，整体知识的记忆找主线。前面曾经提到过，每一个学科都有自己的知识体系，都是自己的思维体系，都有自己的结构框架，对于学科整体知识的记忆，找到适合自己的思维的学科知识主线，会对你的"记忆"大有帮助。比如历史学，我们可以按照时间的顺序的主线对其进行整体知识的整理，也可以按照政治、经济、文化等不同层面的历史发展为主线对其进行整理，无论哪一种主线的整理，只要是适合你思维逻辑的，就是最佳的"记忆"方案。

第二点，大块知识结构化。有了主线索，接下来我们看一看相关学科的"大块知识"，所谓大块知识就是组成主线索上一系列关键的问题，还是以历史学为例子，如果适合你的主线是"政治、经济、文化等不同层面的历史发展"，那么具体到政治、经济或者文化的发展过程就属于"大块知识"，对于大块知识的记忆，建议将其"结构化"处理，把每一块"大块知识"在按照一定的逻辑顺序给拆分成若干小问题，记住了这些小问题的相互联系，也就记住了大块知识的基本脉络。经过前两点的实施，我们已经将一个学科结构化了，这个结构化的框架就像一个大书架一样，为你提供了一个"摆放"细节知识碎点的空间，在这个空间中，每一个知识细点就像一本本书籍一样，可以确保你将他们各就各位地进行摆放而不至混乱。

第三点，碎点知识形象化。对于记忆来说，最难记住的并不是知识框架，而是框架中的细节知识，这些知识碎点不但很多，而且不容易记忆，针对这样的情况，我的建议是发挥自己的形象思维能力，将一些难记的知识细节变得形象化一些，来帮助我们记忆。举一个"神经纤维上兴奋的产生及膜电位变化"的记忆例子，无论你是否知道这个知识点，从标题上看上去就应该感觉到这是一个"无比抽象""不易记住"的知识点，专业上关于这个知识点的描述是这样的："静息时，膜电位为外正内负；刺激产生兴奋，膜电位由外正内负变为外负内正；兴奋传导后，膜电位又恢复成静息时的外正内负"，即使把这句话画成图形的形式（如图所示），也还是不是那么容易记忆。

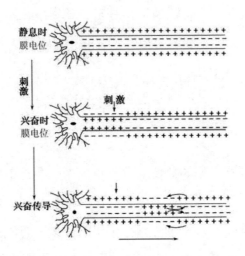

下面我把它变得更加拟人化、形象化一些，看看是不是更容易记住呢？我们可以把神经纤维想象成一个人，这个人的特点是"表面光鲜，但一肚子龌龊"（即外正内负），当有人招惹他的时候（刺激的时候），

他会立马发火（兴奋），又喊又叫把"龌龊"的一面外显无疑，由于内心中的负面情绪暴露出来，因此使得内心得到了些许平静（外负内正），这个人不可能一直这样歇斯底里下去，最终他还会恢复到"表面光鲜，但一肚子龌龊"的一般状态（恢复到静息状态，外正内负）。通过这样的描述，我们会发现一个抽象难懂的问题变得简单容易记忆了。你也可以发挥你的聪明才智，让自己的记忆变得更加有效。

第四点，运用"有效的复习"并"重复"的方式加强记忆。心理学研究发现，我们的记忆是有规律可循的，这个规律叫做遗忘曲线，"及时复习"和"重复"对于记忆的加强是至关重要的，关于重复的问题我想不需要我再多讲，关于复习的相关内容我们会在后面的内容中做详细讨论。

■ 怎样背数学公式

日本学者和田秀书原本数学成绩一塌糊涂，甚至都想放弃学数学，去参加不要求数学成绩的院校招生。直至一天他想到"背数学"的学习方法，这个技巧就是：不懂的问题，直接看解答，先背起来再说。如此一来，一题一般只要5分钟便背下来，从量来看，可以追赶得上成绩好的同学。

数学中有不少知识是需要熟记的，比如众多的数学定理、公式、法则，有一些内容可以巧记，但有些内容恐怕只有硬背了。归纳起来，大致有以下一些方法。

（1）口诀法

即根据事物内部联系编口诀记忆的方法。如：三角中的诱导公式，可编为口诀："纵变横不变，符号看象限。"

（2）数码法

即将相关知识用数码进行编组的方法。例如，小结三角基础知识时用"一、二、三、四、……"编号。数码可用自然数，也可用特征数码。如：

一组推广：锐角三角函数→任意角三角函数。

二类问题：① 求值：给角求值与给值求值问题。② 求角：给值求角与三角方程问题。

三套方式：同角分式、诱导公式、加法定理。

四个图像：正弦、余弦、正切、余切函数图像和性质。

（3）联想法

靠联想来启发记忆，加强记忆，可用性状接近联想和关系对比联想。

例如，从等差数列的通项公式和前 n 项和公式联想等比数列组等比数列前 n 项和公式联想无穷递缩等比数列各项和。又如，从平面几何联想到立体几何：平面几何中讲到"直线上的一点只能作一条直线和已知直线垂直"，但在立体几何中就不是这样，等等。

（4）"备忘录"法

随身带一个小本本，将易遗忘的公式摘录备查，把自己的想法小结记录备用，把典型例题和解题方法摘抄整理，把自己易错的概念和作业订正记载，引以为戒……

■ 怎样背文言文

背诵有两个明显的功能：一是能帮助深入理解内容；二是能提高阅读翻译的效果。因此学习文言文最好熟读到背诵，这对文言文阅读翻译的益处颇大。背诵文言文不等于死读硬背，而应讲求方法，可收事半功倍之效。

（1）化整为零法。把一篇文言文当作一个整体去笼统地读，这便像"囫囵吞枣"，应把这个整体分析成若干意义段落进行分段熟读才好。

一篇课文经过意义段落的分析，便可看到文章的线索与作者的思路，对所写的人物和事物的来龙去脉，了然于胸，然后照事情发展的顺序，照生活的逻辑和照人地时与前因后果的交代，贯穿起来。层次清楚了，熟读之后，很快就能背诵。背诵应分段背，各个突破，直到全部背完为止。

（2）抄读法。这是眼、口、手、心综合运用于背诵的方法。

眼看文章的字、词、句，口念文章的字、词、句，手写文章的字、词、句，心想文章的字、词、句。抄抄读读，读读抄抄，不要多时，读完部分，便抄完部分，也就背完部分。那么全部读完，也就全部抄完，也就能够全部背诵完。当眼熟、口熟、手熟、心熟了，全文也就容易通过对它们的熟记而背出。

（3）累进法。采用此法有如滚雪球，即先读第一句，即背诵第一句；再将第一二句连读，即要求第一二句连背。依次类推，滚动前进，累积背完全文为止。

（4）三抓法。它是以自然段为单位实行三抓。

当要背诵《战国策·唐雎不辱使命》之前，可以运用三抓。如在第一自然段里，先抓本段的第一个字——"秦"；然后抓本段的起始句——"秦王使人谓安陵君曰"；最后抓本段所体现的作者思路，文章脉络——交锋发生在秦王与安陵君之间，是唐雎出使的前因，也是双方斗争的前奏。情节开端部分。这三抓相互都起到提示作用。依照这些提示去背课文就容易些。

（5）照看译文背诵法。即由语体文返回文言文。

如要背诵欧阳修《醉翁亭记》，可以先将它逐句译成现代汉语（即"古译今"），然后根据所译的汉语，再返回古代汉语（即今译古），由古到今，再由今到古，也就是从译文回复到原来的文言文，多次反复，这不但练习了古译今，而且可以比较古今词法句法，背诵原文，不论其长短，都是比较容易的。

■ 怎样背历史

（1）顺序记忆

这种记忆是最普通的记忆方法，它是指照事件本身的发展的顺序依次记忆。如：美国独立战争的过程就可以这样记：① 1775 年，来克星顿的枪声，第一次大陆会议召开。② 1776 年，第二次大陆会议召开，发表了《独立宣言》，宣告美利坚合众国成立。③ 1777 年，萨拉托加大捷。④ 1778 年，战争中心南移，⑤ 1781 年，英军总司令康华利把宝剑呈给华盛顿。⑥ 1783 年，英国承认美利坚合众国独立。

（2）规律记忆

在学习过程中，我们可以寻找具有规律性的东西，如：世界史上六大帝国衰落的原因都是：① 人民起义。② 各地封建主（或奴隶主，包括被征服的各族）形成割据趋势，力求摆脱中央控制。③ 统治阶级的内讧。④ 外族或外国的入侵。

（3）对比记忆

如两次世界大战的对比。中国与西欧资本主义萌芽的对比。中国近代三次革命高潮的异同等。

（4）归纳记忆

可把不同时间的同类事件归纳。比如，我国古代八项著名的水利工程，近代台湾军民反抗侵略的斗争事例，红军四次反围剿作战方针等。

也可以把同一时间的不同事件进行归纳。比如，1945 年发生的重要事件有：苏、美、英雅尔塔会议，中国共产党"七大"召开，德国签署无条件投降书，苏、美、英波茨坦会议，日本宣布无条件投降，邯郸战役，联合国成立，台湾回归祖国。

（5）顺口溜记忆

把一些历史事件编成顺口溜很易记忆。比如，清朝皇帝的顺序：努皇顺（努尔哈赤、皇太极、顺治帝）；康雍乾（康熙、雍正、乾隆）；嘉道咸（嘉庆、道光、咸丰）；同光宣（同治、光绪、宣统）。再如朝代的顺序：三皇五帝夏商周，春战秦汉三国休，两晋南北隋唐继，五代宋元明清民。

（6）讲解记忆

这是一种较新的记忆方法，一个同学给其他同学讲述历史事件，记忆效果比一个人自己记忆要高几倍。且信号储存时间长。当然，记忆的方法多种多样，还有隔年记忆法、联想记忆法、推理记忆法、信号记忆法等等。

■ 小链接：艾宾浩斯记忆曲线

德国著名心理学家艾宾浩斯提出了非常有名的揭示遗忘规律的曲线——艾宾浩斯遗忘曲线，如下图所示。

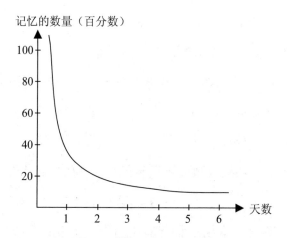

竖轴表示学习中记住的知识数量，横轴表示时间（天数），
曲线表示记忆量变化的规律

 这条曲线告诉人们在学习中的遗忘是有规律的，遗忘的进程不是均衡的，不是固定的一天丢掉几个，转天又丢几个的，而是在记忆的最初阶段遗忘的速度很快，后来就逐渐减慢了，到了相当长的时候后，几乎就不再遗忘了，这就是遗忘的发展规律，即"先快后慢"的原则。观察这条遗忘曲线，你会发现，学得的知识在一天后，如不抓紧复习，就只剩下原来的25%。随着时间的推移，遗忘的速度减慢，遗忘的数量也就减少。有人做过一个实验，两组学生学习一段课文，甲组在学习后不久进行一次复习，乙组不予复习，一天后甲组保持98%，乙组保持56%；一周后甲组保持83%，乙组保持33%。乙组的遗忘平均值比甲组高。

 因此，艾宾浩斯的实验向我们充分证实了一个道理，学习要勤于复习，而且记忆的理解效果越好，遗忘得也越慢。

　超哥说：

　　运用"有效的复习"并"重复"的方式加强记忆。心理学研究发现，我们的记忆是有规律可循的，这个规律叫做遗忘曲线，"及时复习"和"重复"对于记忆的加强至关重要。

第 10 章

优等生这样学各学科

优等生这样学语文——王与麟——考入中国科技大学

"这是一门重积累的学科，从考纲出发，我分为三部分来复习。

第一，课本。高考中涉及课本的就是字词和古诗文。扫读所有课本的每一课，提炼出值得注意的字词，字典里的可能生僻，不需掌握，可课本上是必须牢记的。精读每一篇文言文，把握重点字词的释义和整体的翻译，背诵要求背诵的片段。

第二，练习。不可避免地会做一些练习，我认为在古诗词鉴赏和阅读上是有所总结的。古诗词鉴赏和阅读的题型大抵不过几种，分题型就参考答案进行总结，提炼一些常用关键字，如豪放洒脱、苍凉悲壮等，甚至可以自行总结一些答题模板，不过切忌死套，见题分析。

第三，课外阅读。保证阅读量，提高知识储备。文贵创新，多用自己的语言去总结一些常用片段、常见现象，避开滥用例子，多准备新颖的适合自己的事例。

每天早自习晚自习前读读课本，有零碎时间做做小题，有时间多做阅读，也可以写写周记练练手。语文，一步一步地掌握它。"

点评：

像王与麟同学说的那样，语文学科最最重要的特点就是"积累"。

只有在积累的基础上才能充分感受和理解中国语言的独特魅力和美。在学习语文的过程中，很多同学会觉得枯燥、乏味，总觉得明明每天都挂嘴边，每天都在熟练应用的"简单"语言，却被语文学科搞得那么复杂，那么枯燥！其实，对于我们所有学习（或者学习过）语文的人来说，语文学习具有三个方面的价值：

第一，通过积累，体会和理解我们自己母语的语言特点，从而可以合理、科学地运用好（包括读书、写字和说话）我们自己的母语。

第二，通过积累，感受属于我们自己的文化，提高我们自己的素养，通过语言文学的学习使我们的心变得更加丰富，使我们的涵养变得更加深厚，使我们的气质变得更加优雅！

第三，通过积累，掌握我们中国自己的逻辑特点（在西方，逻辑的学习是通过专门的课程来实现的；而我们则是将逻辑的核心内容分散在不同科目中，通过相应科目的学习，实现润物细无声的逻辑学习过程，语文学科是逻辑学习最最重要的学科之一）。

语文学科有关考试的具体学习方法王与麟同学已经做了很精辟的说明，这里不再赘述，需要提醒的是，学习语文不单单是为了考试，更重要的是提高我们个人的基本素养，所以希望大家能够把语文的学习定为终生学习计划中的一部分，多读多看多练笔，坚持不懈。

优等生这样学数学——雷青——考入清华大学

"数学的学习也很看重基础，遇到很多看似很难的题目时，若能从最基本的入手做尝试，或许能使问题变得简单。而很多很简单的题目，考查的则是是否注意了细节，细节决定成败；平时做完题目后要勤对答案，答案能指出我们做错的，提醒我们易错的，教给我们不会的，若做完后不对答案，只能算完成了一半；数学还需注意积累一题多解的方法，这能拓宽我们的思路，还能在关键时刻提供更多选择。"

点评：

雷青同学对于数学的学习总结言简意赅，但确实一语中的。数学的学习简单地说可以表示为这样的小式子："基础+逻辑"。

所谓基础，就是我们平时所学习的"最最不起眼"的数学知识，包括数字、公式、定理、公理等，这些知识内容每一个都不难理解，每一个通过一定的学习过程都是可以快速掌握的，甚至在学习的时候，很多同学会觉得这样的知识太简单而不屑，如 $a^2+b^2=c^2$ 这个大家都知道的数学计算，却是建立起数学大厦的基石之一，记住、理解好 $a^2+b^2=c^2$ 才能进一步学习和应用更加复杂的数学计算和逻辑推理。

所谓逻辑，这里包含两层意思，一层是指数学学习本身，学习数学的人会发现，数学的学习是不能间断的，往往会因为某一部分知识学习的不扎实而造成后面的学习困难，那是因为数学学习是一个连续的逻辑链条，每一个环节都是下一个环节的基础，任何一个环节断裂，都会造成整个逻辑链条的断裂（就像前面所说，$a^2+b^2=c^2$ 没有记住，后面的学习可能就无法继续了），所以学习数学需要坚持，需要持续的认真和付出。

逻辑的另一层意思是指数学思维的运用（对于同学来说，思维运用就是做题，因为对于学校学习来说，做题的过程就是数学思维运用的练习过程），像雷青同学所说，任何一个数学题目都是将那些最最基础的知识通过一定的逻辑关系构建起来的整体，你只要能够找到构建这些基础知识的逻辑关系，就可抽丝剥茧，运用最基础的知识解决最最困难的题目，当然，找到这些逻辑关系是需要同学们不断通过训练慢慢体会和总结的。

优等生这样学英语——何晨辉——考入清华大学

"再来说英语，与学习语文一样，我们首先要了解我们为什么要学习英语，学习英语有什么意义。对于英语，毫无疑问它是一门世界性的语言，具有相当的重要性。或许会说你不出国就不需要英语了，这种观点是不正确的。因为现在的世界不懂英语，很多东西你就不懂，比如一些标志，一些带英语词语的内涵是什么，电脑里面的很多相关知识。如果你学会了英语那么你将很好的理解英语的表达内容。所以，在现代的社会，积极学好英语是很重要的一个内容。英语是全世界用得最广泛的语言，在全球化的今天，英语无处不在。我们生活中很多地方都有英语。更重要的是，我们今后的学习和工作都会用到英语，可以说，学习英语让我们的知识面增加数倍。英语的学习，要日积月累。荒废一天，我们就会有退步，逆水行舟，不进则退，所以英语的学习不能够停止。像语文一样，英语应该多看多记还要多说。单词，语法，口语……各个击破才能学好英语。"

点评：

何晨辉同学从学习外语的价值入手，概略地提示了我们外语学习的基本方法，讲得很好，我想对大家来说应该也会很有启发，确实，外语的学习千万不要只盯在眼前考试的价值上，应该把我们的视野拓展开，来看待外语的学习，这样的学习才不会枯燥、无趣，所以说，外语的学习最好就是有一个语言环境，在这个语言环境中你会不自觉地将外语掌握到位（有过国外生活经历的同学应该有很深刻的体会）。但现实学校中，由于我们都是用中文交流的，很难营造一个外语的语言环境，在这样的情况下，如何学好外语呢？我这里还是用一个小式子来表示一下外语学习的关键吧："词根+阅读+听说，然后再来搞语法"。想象一下我们学习中文的经历，我们学习中文的过程是从小从听说开始的，然后认字，然后读一些书，最后才学习的语法。由于没有语言环境，外语的学习没有办法从充分的听说开始，因此，在学校我们可以从认字开始，先掌握一定量的词，然后再运用，细心的同学应该注意到了，式子中第一个要素并不是单词，而是词根，为什么呢？其实外语与中文一样，它的文字构成也是有一定规律的，就像我们可以通过不同的偏旁部首猜测文字的读音和意思一样，外文也有由一些基本的要素构成的，以英文为例，一个英文单词往往由"前缀+词根+后缀"构成，并且前缀、后缀、词根的数量很有限，如果我们能够学习好这些基本的要素和构成方法，那么我们就可以快速地掌握更多的单词，为阅读、听说、语法的学习准备好足够的素材。有了词根的基础，再拿文章来阅读你就不会发憷了，因为，有了词根的理解，即使阅读过程中有不会的词，你也可以相对靠谱地猜一猜，这样在阅读过程中，通过猜、查阅等学习过程，你会对外文产生很好的语言感觉（我们称为语感），有了这样的语感，你就可以试着大胆地听说练习了，通过听说的练习，你会对一门外文有更加深入的认识，最后在深刻认识的基础上再学习语法，你会有一种触类旁通的感觉，自然外语的成绩也会有突飞猛进的提高。

优等生这样学文综——文秀泽——考入中国人民大学

"从小到大我就讨厌上补习班，拒绝做任何奥赛题，说来也是羞愧，就连一本课外习题册都没有完整地做完过。不过任何事情都是双面的，厌恶题海战术的好处就是让我养成了总结的习惯。由于练习的题量有限，所以我必须要提高效率，争取达到以一当十、举一反三的效果。而做到这一点的唯一的办法就是多总结。尤其是学文综，每当遇到自己不会的题目时，就要认真分析题目的知识点，对于有多种解法的题目，更要多做积累，做到全面掌握。很多同学都习惯了被动接受老师传授的知识，总是不愿意自己动手归纳知识，只是漫无目的地做题，这样往往容易事倍功半，是很可惜的。对于文科生而言，政史地三科内容多，知识点杂，记忆的难度比较大，要想系统地把握就更需要经常总结，把一本书浓缩成一张纸，整理出知识框架，用自己的理解去不断发现新知识，总结的同时也是思考和再学习的过程，这既能锻炼能力，也有助于学业上的进步，何乐而不为。特别是高三的时候，所有的知识一拥而上，此时若不能保持头脑冷静，有一个清晰的知识框架，势必会影响效率和心态，所以要多总结，特别是每次考完试对试卷好好分析，通常一张试卷会涵盖比较重要的知识点，相对练习题更加系统，因此珍惜每次的考试机会，不要太在意结果，转而关注失分点，积累错题，保证同样的错误不犯第二次，无形中就会提升学习效率，取得进步。"

点评：

文秀泽同学关于"自我总结"的学习方法，其实不单单适用于文综的学习，这个方法适用于各个科目的学习，在本书的其他章节中，已经做过关于自我总结目的、方法的详细说明，这里不再赘述。在这里想就文综学习本身做一些总结，与理综不同（实际生产实践中，物理、化学、生物三个科目的知识往往是综合在一起运用的，但就考试而言，由于可考察的综合题目有限，因此理综考试本身实际上更多的是物理、化学、生物三个科目的单打独斗），文综考试可称为真正的"综合"。对于社会生活中的任何现象，我们都可以从不同角度进行分析和理解，并通过将各个角度分析的内容进行综合、汇总，最终可以得到一个相对全面、有效的结论或解决方案。文科综合就是基于这样的理念进行命题和考查的。所以对于文科综合的学习，小式子可以总结成这样："社会问题+多角度分析，且每一角度都给出解决方案+汇总、综合，抓住主要矛盾，获得最佳方案"。根据这样的学习公式，在学习中就需要同学们注意以下几个基本问题：

（1）关注时事，不能只是闷头学习。现代社会资讯发达，日新月异，各种新的社会问题也是层出不穷，如果你只是关注书本，而忽略了社会中新的变化，那么作为学习者来说，你就 out 了，显然这样的 out 也会让你的思维变得僵化，而使你的学习事倍功半，所以关注时事，贴紧社会脉搏是学好文综的第一关键。

（2）地理、历史、政治学科分别学习，用自己的方式总结好每一个科目的关键知识点，找到每一个科目的思维方式和思想精华。学科知识是重要的，因为在应用过程中，没有知识一切都是零，但学科的思维方法和思想精华则是更为重要的，因为在分析新的社会问题的时候，我们不可能照搬照抄原来的方法，我们需要做的是以原来的方法为借鉴，运用科学的思维方式，通过自己的思考，找到最佳的解决方案，这样就既要求我们有足够多的学科基础知识，又要求我们必须充分理解每个学科的思维方法和思想精华，才能最终达成我们的目标。

（3）学会多学科分析、汇总，学会批判式思维方法，学会抓住主要矛盾，找到最佳解决方案。一个成型方案的制定，首先需要将不同思考角度的方案进行分析、汇总（不同思考角度的方案是运用不同学科知识，以本学科思想为依据而制定的方案）；接下来，要运用批判式思维（所谓批判式思维就是审慎地对每一个方案的制定思路进行再思考），仔细对每一种方案进行评定，最后，再根据现实的主要矛盾，整理、总结出最佳的成型方案。（文综考试中，运用不同学科的思想对问题进行评价、抓住主要矛盾找到成型解决方案都是拿分的关键点）

优等生这样学理综——龚润华——考入清华大学

物理

在理综中，物理分值最大，不定项的选择题以及压轴题都是很让人头疼的。还记得在二轮复习前，自己觉得一轮复习后，水平上了一个很大的台阶，但是当在二轮复习老师给我们一些比较难而且有新意的题时，又马上被打击到了，并且感觉到二轮复习的练习才更接近高考水平。所以，多见一些题目还是有好处的。

对于物理的学习，由于概念较少，所以对概念的理解是核心。虽然物理在理综中是对计算要求最高的一科，不过不能忽视概念与理论。其中的物理实验题，很多时候都是课本上的经典实验改编整合而来的，原理都十分简单熟悉，只要理解了题目要考的原理，不管题目怎么变，做起来都会比较轻松。例如，经常出现的电学实验题，当你弄清楚是要考察伏安特性曲线，或者是多用电表的用法，或者是电路的改进，或者是误差分析及改进等等，那么你就可以跟着这方面问题的通常解题思路走，题目也就迎刃而解了。而对于压轴题，一般是功与能或者是电磁学部分，虽然题目样式繁多，不过其实所利用的知识是十分有限的，而且解题所利用的一些技巧也是不多的，所以，平时总结一下方法，和一些常见的解题思路，是很有必要，也是很有用的。另外，在动笔解题之前，要对题目有透彻的理解，最好将解题的过程细化为小的步骤，逐步求解变量，这样不仅可以使自己思路清晰，便于解题，减少所耗的时间而且步骤清晰也不会被扣步骤分。

化学

化学虽说知识点多而且杂，但是还是有规律可循的。在总复习时，一轮的复习十分重要，要做到滴水不漏。课本是最为主要的，要做到仔细研读，不遗漏一个小的知识点；另外就是笔记，以前做过的题等等，这些都是宝贵的复习资料。当你一轮复习完后，知识点和各种细节基本复习到位了，这个时候就要对整个知识体系要有整体的把握，这对于化学这科十分重要。要在大脑里形成一个网，将各种繁琐细小的知识点串在一起，这样在做题时能及时联想，做题的效率就大大提升了。

另外，解题规范性也是一个不容忽视的问题，平时不注意规范解答，在考试时会吃大亏。还记得当时我的化学老师就经常给我们发考试的试卷评分细则给我们看，让我们自己改，感受一下规范的重要性。所以我觉得在高考前，可以找往届高考的评分细则来看看，与自己平时的答案进行比较，看自己在哪些方面会经常发生遗漏，并且及时改正，尽量使自己的答案与标准答案相似，这样就能在化学这科上拿高分。

生物

有人说高中生物就像是理科中的文科，记背的东西很多，而且自己的答案在很多时候都很难接近标准答案，所以在生物这个方面，连估分都比较困难。

学习生物，第一就是概念。平时要记、背课本上的概念，甚至一些题目以及答案来帮助理解概念。有时一些填空题以及简答题的答案都是课本上概念的原话，一些实验大题的原理都是以课本上一些著名的实验为蓝本的。平时也要勤于翻书，有不记得的知识点就马上巩固加深印象。

当经过高三一年的复习后，基本上能将课本上的重点内容背下来，这就是最好的状态。

还记得当时我的生物老师就要求我们在复习完一个模块后，就自己动手画一张概念图来囊括所有的重点内容。我觉得这个方法是加深我们对概念理解一个十分好的方法。

当然，除此之外要有大量的练习。由于生物题中容易出现创新的地方，比如，将普通的填空式的遗传定律的题改为分析简答式的，又或者将光合作用的变化分析改为提问选择哪种方式对植物生长最好一类的问题，这些都是一些创新，如果见过就不会有陌生感，也就会更加自信。但是所要考查的知识是不变的，所以熟练地掌握概念才是最为重要的。"

点评：

之所以能够将物理、化学、生物三个科目放在一起进行综合性考查，很重要的原因在于，这三个科目都是科学科目，都注重实验探究，都注重逻辑构建，都注重基础知识、基础概念的学习，并且在实际的生活实践中，这三个学科也确实是相互渗透，互通有无而进行运用的。但前面已经说过，理论上虽然这三个学科确实可以"理综"，但在实际考试过程中，往往是物理、化学、生物三个科目的单打独斗，所以在做分析的时候，我也把这三个科目分开，做分别的说明吧。

物理

物理的学习与数学的学习有很多相似之处，他们都是极其注重基础和逻辑的学科，没有基础的知识，物理学科的大厦根本就构建不起来，但又与数学学科不同，物理学科基础知识的获得除了有一定的逻辑推理以外，更多的来自于实验的探究，所以物理学科的学习小式子可以总结成"实验探究+基础知识+逻辑"，与数学的学习小式子进行比较，我们会发现物理的学习多了一个实验探究。无论是物理学科的学习，还是物理科学的研究，亦或是物理科目的考试，物理学实验探究（包括实验的设计，实验的操作，数据的处理，结论的获得及证明等等）都是重中之重，如果你在物理学习过程中只是一味地记背公式、公理，只是一味地做题、算题，那么即使你得到的分数并不算太低（我估计最多也就是不低，应该不会很高的），其实对于知识来说你也就算知其然而不知其所以然，并且在这种事倍功半的苦哈哈学习过程中，你也没有体会到物理学的真正乐趣，所以，负责任地告诉所有学习物理科目的同学，记背基础知识、运用物理学的逻辑进行推理、计算是需要的，但在学习中更需要你全身心地投入到实验的设计、实施、分析中，这样的学习才会让你事半功倍，才会让你大有长进（尤其是那些上实验课就睡觉，各种乱编数据的同学尤其需要警醒哟）。

化学

化学的学习要比物理的学习更多加一个重要的要素，用小式子表示为"常识+实验探究+基础知识+逻辑",关于实验探究的价值、基础知识的重要和逻辑思维的运用在前面数学和物理科目中我们都有过明确的说明,这里不再赘述,这里想和同学们强调一下关于常识的问题。初学化学学科时,很多人会觉得化学学科需要记背的东西很多,一点都不像"理科",其实任何科目,都是从记背开始的,尤其是理科,更需要记背足够多的"素材"后,才能够游刃有余地进行逻辑推理,化学学科恰恰是"素材"充足的学科之一,这些素材就是我这里所说的"常识"。这些常识包括:各种生活中的现象(如穿雾而过的一缕缕阳光)、各种元素符号(如氢的元素符号是 H)、各种分子量(如二氧化碳的分子量是 44)、各种沉淀反应(如钡离子遇到硫酸根生成白色沉淀)……,注意,这些常识有些可能是在学习化学之前你就知道的,有些可能是随着学习化学知识的深入而逐渐接触的,但无论如何,这些常识你都需要很好地记住,因为它们是你学习化学的根基,这里之所以不把这些常识称为基础知识,最关键的一个原因就是因为它们比基础知识还要基础,我们可以说它们是基础知识的基础。所以,千万别忘了,做好化学常识的学习,是你学化学学科关键中的关键,加油吧!(常识记忆、理解得越好,化学的学习就会越轻松哟!)

生物

生物学科的学习更多的与化学学科的学习相近,但与化学学科不同,生物学科更加注重"整体知识"在实际生产生活中的运用,因此,生物学科学习的小式子可以总结成这样："常识+实验探究+基础知识+逻辑+整体知识的综合应用"。

从小式子中我们发现了"常识"，你就应该知道，学习生物学需要记背、理解的现象和基础内容是很多的；

从小式子中我们发现了"实验探究"，你就应该知道，生物学的知识不但要求你知其然还要求你知其所以然，并且要求你有能力运用自己的方式去解决未知的问题；

从小式子中我们也发现了"基础知识"，你就应该知道，学习生物学对于基本概念、公式、公理的理解要求也是很高的；

从小式子中我们还发现了"逻辑"，你就应该知道，学习生物学需要在基础知识点的基础上进行逻辑整合才能最终解决问题；

最后，我们还看到了小式子中有一个"整体知识的综合运用"，虽然各个科目都会关注知识在生产生活中综合运用的问题，但生物学科尤为重视此点，并且在知识应用这一点上，生物学科具有很鲜明的自我特点。

我们应该知道，要想将知识进行综合运用，就需要将本学科的知识点进行联系并结构化，使这些知识形成一个有机整体，再根据不同的运用目的而有的放矢地进行知识选择，解决一个实际问题往往需要多方面知识的共同参与。对于其他学科而言，解决实际问题往往仅需要一部分知识的整合即可实现（如物理学中的电磁相关知识的应用，往往仅需要电磁学、力学等几部分知识进行联系和整合即可解决问题），但对于生物学科而言，任何一个小的实际问题的解决，却都需要生物学整体知识的参与，换句话说，有关生命的任何问题的研究，我们都必须考虑生命的所有方面才行，因此我们经常说，生物学是在用知识结构（而不是知识点和知识块）来解决问题的。这就要求同学们在学习生物学的时候时刻关注不同知识之间的联系，通过自己的思考进行总结和归纳，只要你能够有这样的意识，当你学完生物学的整体知识以后，会发现一个生物学有机的整体知识架构出现在你的脑海里，运用这个整体的知识架构，你可以轻松地解决生活中的很多问题（当然，题目中的问题自然也就不在话下），但如果你没有这个整体的知识架构，而只是一些知识碎点的记忆或者只是某些知识点的联系，你就会发现解决实际问题时捉襟见肘，因此总结来说，"整体知识的综合应用"，就是构建整体知识联系框架，结合实际应用目标，充分运用所有知识解决问题的过程。可以说，运用很大的知识结构来解决每一个小问题，是生物学科自己独有的特点，抓住这个特点，会让你的学习变得更加有的放矢，更加轻松自如哟。

超哥说：

　　其实任何科目，都是从记背开始的，尤其是理科，更需要记背足够多的"素材"后，才能够游刃有余地进行逻辑推理。

第四部分

应试技巧

第 11 章

高考复习的节奏和策略

优等生经验谈——李飞——考入清华大学

"如果说高考是一场战争，那么高三这一年就是备粮草和练兵的时间。其中最重要的一点就是如何有节奏地完成整个复习大任。首先，我认为跟好老师的节奏是根，老师的安排都是经过无数的实践检验，具有一定的科学性，在这过程中，就需要每个人坚决做到今日事今日毕，按照老师的要求坚决完成。这不仅是获得一种心安，也是使知识形成结构的一个必要过程。其次，要抓住每一学科的特点再结合考试大纲的要求进行复习和训练。"

优等生经验谈——王鑫蓓——考入北京大学

"高考之前的准备期的概念很模糊，可以是整个高中的三年，也可以说是最后的复习期。复习的时候有时可能会觉得很焦虑，要做的事情太多而时间又不够，所有的科目都挤在一起，而自己的精力又总是有限。该做什么好呢，这时候做什么才是正确的呢，可能时常会有这样的疑问。再引用一句话好了，这次是来自DC家的绿灯侠哈尔·乔丹，"YOU CAN'T FORESEE ALL THE CONSEQUENCES OF YOUR ACTIONS--BUT THAT'S NO EXCUSE TO DO NOTHING."你不能预见你所做的事会造成什么结果，但这并不是毫无作为的理由。高三复习期尤为如此，不应该把宝贵的时间用在烦恼和犹豫上。只要去做，就一定会有收获。"

大部分同学到了初三或高三，自然不自然地在心中都会升起一种"莫名的紧迫感"。这是很自然的心理现象，但是，这种紧迫感可谓是一把双刃剑，能够利用好这把剑，可以让你在初三或高三这一年中过得既轻松又愉快，而且在你的复习过程中成绩突飞猛进，一路高歌；但反过来，如果这把剑你没有用好，而是由于紧迫感的存在使得自己无所适从，甚至更加紧张而造成濒临崩溃，那么，初三或高三这一年将会成为你生命中的一场噩梦，这场噩梦会吞噬掉你的大部分信心，让你在跌跌撞撞的辛苦中倍感疲惫，当然，你的成绩自然也会一落千丈。

那么，怎么才能利用好这把双刃剑呢？可以肯定地说，找到自己在这一年中适合的学习节奏和策略是至关重要的，下面，我将以我认为较为有效的高三年级复习节奏和策略为例，聊一聊如何利用好这把双刃剑，希望为同学们找到适合自己的复习节奏和策略提供一些帮助。

为了便于理解，我们首先把高三一年的复习工作按照时间的顺序分为四个阶段：高二暑假阶段，高三第一学期阶段，高三寒假阶段，高三第二学期阶段。接下来，我们将详细地来探讨一下每一个部分复习的基本任务、节奏和策略。

■ 第一阶段：高二暑期

主要任务：梳理高中阶段相关高考科目最最基本的知识块和知识点+进行一下有助于放松身心并为自己提供"精神动力"的活动。

主要复习策略：做好充足的心理准备+做好高考复习的知识储备工作。

复习的时间节奏建议：整个暑期，拿出一半的时间进行放松活动，积蓄力量；另外一半时间进行最最基本知识块和知识点的梳理。

具体建议如下：

（1）做好高三一年会比较辛苦的思想准备（人为了某一明确目标奋斗的过程是一件很令人兴奋的事情，因此虽然做好"辛苦"的思想准备，但绝不是消极的"畏难"情绪的产生），选择一些能够让自己充分释放的活动（人在为一件重要的事情做准备的时候，往往需要一些"仪式化"的活动作为这件重要事情准备的开端，这种"仪式化"的活动会帮助你在心理上做好充足准备的同时，也会在生理上为了你的"辛苦"而调动所有可以调动的机能，帮助你在身体层面也做好充足的准备，这就是我们说的：意识是具有"力"的作用的。"仪式化"的活动不一定是多么"正式"的活动，只要对你有作用，可以让你意识到一个即将到来的奋斗，并充满激情地准备去迎接她就可以，比如去自己想去的地方旅游一下，比如和知心的朋友吃一顿大餐，比如美美地睡上一个自然醒的大觉等等）。

（2）准备出六张大纸（因为目前高考需要考六科，纸张大小不能小于 0.5 平方米）+每科 4 个可以加 16 开活页纸的笔记本（共 24 个，包括每科一本自学笔记，每科一本改错笔记，每科一本课上笔记，每科一本笔记整理本）+高考考查科目的所有教材（注意：是"所有"科目的"所有"教材，这些都是学校发的）。

（3）好，东西准备齐全了，现在开始进入到第一阶段的知识复习过程——梳理高中阶段相关高考科目最最基本的知识块和知识点。

第一步，采用"科学性"阅读法，对每一科目进行认真阅读，并在事先准备好的"自学笔记"的笔记本上，整理出本科目的知识脉络、熟悉的知识点、不太理解的知识点（注意：每一个科目都要这样做，无论原来你是否阅读过课本，此次阅读都要像第一次阅读一样地认真阅读），按照目前高中课本中的知识量，即使在前两年你没有学习的情况下，平均每个科目 4 天时间（每天 8 小时），是可以完成相关科目知识脉络梳理和知识块、知识点的总结的（注：本数据经过很多高中学生尝试得出，另外，具体梳理方法可以根据自己的习惯进行，一般情况下，科目的知识脉络的梳理往往根据课本目录进行，相关知识内容挂在相应目录下进行梳理和总结）。

第二步，根据"自学笔记"中的记录，将相关科目的知识脉络及你认为最为重要的知识整理在一张大纸上（就是那张不小于 0.5 平方米）

的大纸，贴在墙上，使每一个科目的知识脉络"一目了然"。(第二步进行时间，通过实践证明，基本上需要 7 天左右，这样到此为止，2 个月的暑假，你需要分配 1 个月的时间进行知识梳理的工作，不要小看这 1 个月，有了这 1 个月的梳理，会帮助你在接下来紧张的高三复习过程中争取到足够的时间，让你从容应对高三复习，因为通过这样的整理，你已经对每一个科目的高中知识内容了然于胸了，接下来需要做的只是在知识上精致化一些、小补充一些，其余就是再练练答题，然后就是顺顺利利考上自己想上的大学了。呵呵，你看，这样看来，这 1 个月的努力是多么地值得！

最后还要特别提醒，在知识整理过程中不要做题，不要参看原来的笔记，也不要使用别人整理好的知识脉络，更不要使用高考说明之类的工具书，这一点一定要切记，因为如果复习的起始你就使用别人整理好的东西或进入题海，那么你将在紧张的高三复习过程中失去自己复习的乐趣和动力，甚至迷失复习的方向)

■ 第二阶段：高三第一学期

主要任务：紧跟老师+继续读书+使用好练习题和工具书，做好错题整理和改错工作

主要复习策略：上课不要"走神"，紧紧跟住老师的复习+参照高考说明、原来的笔记、各种工具书等，进一步使用"学科学习式阅读法"

进行教材的阅读，并在此基础上进一步总结梳理知识块和知识点+精选试题进行练习，随时注意错题的整理和改错工作。

复习的时间节奏建议：这一阶段的复习是高考复习中的重中之重，在这一阶段，具有丰富高考复习经验的老师们会带领大家进行多层次的复习工作，因此这一阶段紧跟老师们的节奏，配合老师进行知识脉络的梳理，知识块和知识点的学习，完成老师们布置的作业，并在此基础上做好自学消化和整理工作。

具体建议如下：

（1）请准备好高考说明+原课堂笔记+教材+每科 3 个活页纸笔记本（本阶段要开始使用改错笔记和课上笔记了）+暑期整理好的各种材料（知识点梳理和知识整理大纸）+各种别人总结的材料（如各种练习册前面的知识总结）+老师要求配发的练习题。

（2）首先需要说明的是用好课上笔记本，在课上紧跟老师节奏，认真听讲，认真记录，不要走神（充分保障上课效率是学习的关键所在，每一个老师都是本科目高考的专家，尽力跟上这些专家们的复习节奏会起到事半功倍的效果。保障上课的效率关键在于专注，专注来自于良好的休息，因此建议大家每天要保障晚上至少 7 小时的睡眠［晚 11：00 至早 6:00，如果按照本书所介绍的正常复习节奏的话，你是没有必要熬夜的，晚上 11 点之前睡觉是绝对可以保障的哟］。上课的专注关键在于眼、脑、手的配合，眼睛盯住老师，脑子跟上老师的思路，手上记下本课的要点，这样的听课过程对于复习来说是至关重要的。注意：课上笔记本记下的内容应该包括：本课知识脉络+自己不太熟悉的知识点，课堂笔记不要求一定整齐，只要自己在课下整理的时候可以看懂即可）。

接下来需要提示的是课下笔记的整理和总结，这个时候你需要同时拿出课上笔记本（本节老师讲的内容）+原笔记本（原来老师讲的本部分内容）+教材+高考说明（高考的要求点）+暑期整理的材料+别人总结的材料，将所有这些资料进行整合，并形成自己对本部分知识的框架脉络，并记录在笔记整理本上（这个本也是你在暑期就准备了的。注意：与暑期的"自学笔记"不同，这里的"笔记整理"并不是暑期自学内容的简单再整理和补充，而是针对高考说明要求，针对老师课上重点知识指向和补充，针对更为适合高考的合理化高考知识脉络、知识点的总结，这个笔记整理是你在参阅了各种材料后的自我知识提升的总结）。

最后，更需要着重提示的是：**一定要做题并进行错题整理。**这一点对于高考的复习来说至关重要，因为在高考复习的最后（二模或三模以后），几乎所有人都会有些茫然，在这个时候，错题整理将是最最有效的复习工具，因为所谓的错题，其实就是你曾经犯过错误的地方，也就是你在学习过程中出现过薄弱的地方，再说得明确些，也就是高考你最可能犯错误的地方，如果你能够在平时将这些点记录、积累下来，在最后的阶段能够把这些薄弱点很好地解决，那么你高考的成功将会有很大的保障。

那么如果进行错题整理呢？

首先是需要做题！这个时候的做题，首先一定是建立在前面所提笔记整理的基础上的（千万不要上来就先做题，一定要在听讲、读书、整理笔记的基础上再做题哟，这一点对于这一阶段的复习至关重要，因为这个时候做题的目的就是为了找自己薄弱的点，如果你没有事先听讲、读书、整理笔记的话，当题目出错的时候，你就很难知道自己的错误到底是因为什么，要想知道自己的错误原因，必须建立在对相关部分知识了解和熟悉的基础上才能真正做到，所以这一点要切记！！另外，不要做太多的题，老师给留的作业题目就足够你使用了，没有必要再自己多加题目，因为对于高考来说，题目类型和题目所考查知识点指向就那么多，你多做重复的价值并不很大）；

其次一定要做题计时（注意：是"做题计时"，不是"计时做题"，也就是说在做每一个题目时，有意识地将每一个题目完成的时间记录下来，这一点不但可以衡量一下你对知识掌握的熟练程度，同时养成这样的习惯，会为后面我们将要做的"计时做题"的考试训练打下良好基础）；

第三要进行错题整理，这一步是建立在前两步基础上的，当然也是做题整理的关键一步。在错题整理过程中有以下具体建议：

① 使用专门的改错本（这个本应该是在暑期就准备了的哟，最好是你特别喜欢的本子，因为喜欢的本子会使你在错题整理的时候心情愉快）；

② 需要把错题原题抄录下来（这一点是为了保证复习的时候知道题目的原貌，当然，你也可以将错题原题剪下来贴在本子上）；

③ 需要把你的错误答案抄录下来（这一点是为了保证复习的时候知道当时错误的具体情况是什么，有利于你后续做更为深入的分析和巩固工作）；

④ 一定要分析一下错误原因并记录下来（这里写的错误原因是你"现在"在改错的过程中分析得出的错误原因，是知识问题，如知识混乱；是习惯问题，如马虎；还是审题问题，如没有看到某个题目条件等等，当然你也可以进一步分析得更为细致些，如是知识问题中具体哪个部分知识点的不熟悉还是某些知识之间联系脉络的不清晰等等。这里之所以写"现在"是要提示你，就是将当时改错时的思考和想法记录下来即可，你可能随着后续的复习和分析还会对于这个错题有新的想法，不用急，如果真有的话，那么就后面再复习再改错的时候再补充吧，这时候需要的是你"当时"认为的错误原因，这一点很重要，它可以真实地记录下你在本次犯错时的思考过程，也为你后续进一步认识打下一个基础）；

⑤ 一定要把正确的答案和思路记录下来（除了标准答案以外，还需要把得出标准答案的思路和过程记录下来，这一点可以帮助你进一步理解题目的意图和解答方法）；

⑥ 最后一定要留下一些空白，为后续再复习本题时产生的新思考、

新想法留有记录空间（写到这点你应该知道我的用意了，也就是说，错题本是你经常要看的材料，并不是要放到最后才看的材料，一道错题在你高考之前至少需要做 3 遍才行的，所以千万不要把错题本束之高阁，仅仅作为最后冲刺时才看的材料，它应该是你常备的工具，伴随你整个的高考复习过程）。

■ 第三阶段：高三寒假

主要任务：兼顾全局的全面总结提升+重点强项科目的升华复习

主要复习策略：计时做题并改错+读书+"想"题

复习的时间节奏建议：这一阶段的复习是高考复习突破的关键阶段，这一阶段也是高考之前最后的一个"具有整段时间的自我复习时期"，如果这一时期利用有效、充分的话，将对第四阶段复习的充分乃至高考最后的成功具有突破性意义。在这高中阶段的最后一个寒假中，希望你在做进一步全面复习的基础上，重点针对自己的强项科目有计划、有步骤进行突破，最好使这些强项科目的准备基本达到高考要求，如果真的能够这样做的话，将会为你第四阶段的复习、突破和提升提供充足的时间，更会使你在后续第四阶段的冲刺复习中信心百倍（说得简单些：如果你能够在寒假阶段使 2 门左右的强项科目基本达到高考要求的水平，那么你在第四阶段中就可以只重点突破其他 4 门科目，显而易见，重点突破 4 门和重点突破 6 门，无论是在心理准备方面还是在时间分配方面都是非常有利的哟）。另外需要提醒的是，在这一阶段的复习需要开始注意题目信息获取、答题技巧、考试状态调整等针对考试实战方面的训练了。

具体建议如下：

首先要聊一聊在这一阶段的题目处理技巧。由于寒假这一阶段对于高考复习的特殊性，因此这一阶段如何能够很好地利用题目进行复习，就成为了这一阶段复习关键中的关键。

（1）"计时做题"，为了高考实战的要求，从这一阶段开始，题目的处理开始"计时做题"，即根据题量，设定时间，在规定时间内不间歇地完成相应题目，在这个过程中不要看书，不要对答案，如果遇到不会的题目，20秒钟脑子里没有思路马上跳过，继续完成后面的题目，如果所设定的题目全部完成且还没有到时间，你可以再回头去处理那些开始没有思路的题目，直到计时结束；当然，如果在设定的时间内没有完成相应题目，也请先停下来，分析总结一下没有做完题目的原因（如是因为时间设定不足，题目过难，自己兴奋度不够等），并根据相应原因进行适度调整后，再给一定时间最终完成题目。

（2）做完题目千万不要对答案，请先读书，针对题目中涉及的知识有针对性地进行阅读（建议在题目涉及知识内容的基础上做一些相关知识的拓展阅读学习），并再根据题目信息做一做题目，看看再次所做得出的答案是否与刚刚计时做题时所做的答案一致，如果不一致，请选择你认为更为合理的答案对题目作答。

（3）在前两步的基础上，现在你可以对一对标准答案了，根据标准答案请再一次阅读题干，再次根据题目信息进行作答一次，确定对于本题最为合理的答案（一般情况下，标准答案往往是较为合理的答案，因为毕竟那是出题人根据具体出题意图设计的题目答案；但请不要因为与标准答案不同，就盲目推翻自己的答案，因为对于一个题目而言，你与标准答案不同但思路和知识指向一致，那么你的答案就是一个正确的答案，并且有时标准答案也可能是有问题的，因此标准答案仅仅是一个参考，最重要的是要理解题目意图，运用所学知识和题目信息完成作答）。

（4）经过前 3 步的做题过程，一般的题目你都是可以自己完成的，但如果遇有一些题目不确定，无法自己解决，请采用老师答疑或同伴讨论学习的方式进行后续解决，千万不要遗留问题，因为学习最最可怕的敌人就是"问题积累"。

（5）最后是针对错题，运用前面我们提到的改错方法进行改错并记录在改错本上。

接下来我们再聊一聊这一阶段的读书问题。对于高考复习来说，寒假中的系统阅读是至关重要的复习策略，除了边做题边阅读的读书方法以外，你还需要拿出专门的时间针对课本进行阅读，在阅读时有以下注意事项需要提醒：

（1）手里除了课本教材以外还需要拿着前面总结好的"笔记整理本"。

（2）选择自己最为强项的科目（一般选择 2 门）进行学科学习式的阅读，并在笔记整理本的基础上进一步完善相关知识内容的总结整理（由于在复习过程中你已经做过一些题目了，本次整理可以将题目中的常考信息也一起与知识进行总结归纳），最后可以再准备出每科一张大纸（纸张大小不能小于 0.5 平方米），将最为重点的内容梳理整理下来，按照便于自己理解的方式总结在大纸上，并贴在墙上（也可以将暑假总结的大纸替换下来）。

（3）对于自己相对比较弱项的科目采用"科学性阅读法"进行进一步阅读总结，在笔记整理本的基础上进一步对相关知识内容进行全面的总结复习。

最后我们聊一聊"想题"的方法。在高考的考查中，信息获取能力是所有科目都非常重视的能力，在考查中，新信息往往会反映在题干中，如何能够快速从题干中将该题目所指示的信息提取出来，并与所学习的知识构建起联系，不但对于解题本身来说至关重要，对于整个考试节奏的把握也是非常有价值的。

那么，怎样才能在考试中做到快速从题干中获取信息并与所学相关知识很好地联系在一起呢？看看高考说明中的要求，就知道这种能力的养成绝不是一日之功了，我的建议：从寒假这一阶段的复习开始这种训练。具体方法建议如下：

（1）每天每科选择 2 两道选择题+1 道非选择题（语文学科和外语学科等每三天选择一道作文题）进行专门的"想题"训练（题目可以是随机从高考题目或模拟题目中挑选的）。

（2）根据自己的习惯，"想题"时可以不一定将题目的答案写下来，但手里一定要有一支笔和一张白纸，想题过程中顺带着把思考的思路整理在纸上，包括题目信息点提示、与相关知识的联系、相关知识与信息点的逻辑关系、问题指向、答题思路等，在一开始做训练的时候，手一定不能懒，一定要把上面提示的信息内容写一写，时间长了，形成习惯了，这些点不写在你的脑子里也会顺序呈现的。

（3）拿出题目的标准答案，分析一下答案的思路与你刚刚思考的思路是否相同，如果相同，说明你很好地理解了出题人的意图，并可以很好地解决问题了；如果不同，说明你在解题的思考过程中是有漏洞的，这时你需要进一步分析一下你出问题的原因，如是知识不熟练，是信息点理解有问题，还是没有弄清楚题目问的方向，亦或是因为答题思路不完整全面等等，如果所想题目确实是你有错误的，建议按照前面所介绍的改错方法将相应题目收录到你的错题本中。对于作文的思考，可以写一写思路，和老师或伙伴们讨论讨论你的思路对于相关作文题目是否合适。

■ 第四阶段：最后 100 天

主要任务：重点突破+优雅练习+查漏补缺+激发提升考试状态。

主要复习策略：突破弱势科目+稳定强势科目+用好错题本查漏补缺并尝试修改题目条件进行练习+调整好心态激发提升考试状态。

复习的时间节奏建议：这是高考复习的最后冲刺阶段了（一般 100 天左右），也是整个高考复习过程中最最轻松和惬意的复习阶段，因为有了前面三个阶段的系统复习，因此在这 100 天中，你只需要查查漏，补补缺，维持维持状态，剩下的就是高高兴兴地迎接高考并在高考中获得你应该得到的成功就可以了。

具体建议如下：

首先，由于在寒假中你已经有计划有步骤地将自己相对比较强的项目做过较为系统的整理和复习了，因此在这 100 天中，你第一需要做的是将自己相对比较弱的项目进行系统的整理和复习。具体建议是：选择剩余的自己弱较的科目（如果寒假选择了 2 门，现在就剩下 4 门了）进行学科学习式的阅读，并在笔记整理本的基础上进一步完善相关知识内容的总结整理（还是那个建议，这次的总结整理可以将题目中的常考信息也一起与知识进行总结归纳），最后还是建议写在大纸上，并贴在墙上，这时你的房间墙上应该具有了 6 个科目你整理好的知识脉络了，这 6 张知识脉络会为你最后的冲刺带来事半功倍的能量。

其次，当然不要忘记那些你相对强项的科目哟，在这 100 天中，建议你对于自己相对比较强项的科目采用"科学性阅读法"进行进一步阅读总结，在笔记整理本的基础上再对相关知识内容做一次全面的总结复习。

第三，对这一阶段的做题来说，我的建议如下：

（1）每 2 周进行一套计时模拟练习（一套包括所有高考科目的模拟练习，一定要计时哟。另外，如果学校层面已经提供了类此频度的练习机会，那么自己可以不用再加练习了），针对每一次模拟练习中的错题，按照前面讲过的改错方法进行改错，并录入到改错本中。

（2）针对相对薄弱的科目，建议每天进行 30 分钟的额外计时训练；针对相对较强的科目，建议每三天进行一次 30 分钟的额外计时训练（这样的训练，建议选择较为基础的题目进行练习，额外计时训练的主要目的是为了保障考试状态的维持），额外计时训练的错题也需要按照前面讲过的改错方法进行改错，并录入到改错本中。

（3）继续每天每科 2+1（2 选择+1 非选择+语文学科和外语学科等每三天选择一道作文题）的"想题"训练，具体"想题"训练的方法，参照前面的想题方法内容进行。

（4）有了前面三项的训练强度，一般情况下就不需要再多加练习了，但对于具有明显薄弱科目的同学，还可以在以上三项训练的基础上，每天进行不超过 30 分钟／科的额外补充练习，以达到增强薄弱科目训练的目的，当然，薄弱科目额外补充练习的错题也是需要进行改错，并收录进错题本的。

第四，下面谈一谈错题本的利用，这 100 天中，错题本的使用将成为最为关键的法宝，在这一阶段，你每天都需要翻开错题本，认认真真地将上面的每一个错题再做一遍，并认真思考阅读错题本上你曾经出现过的错题原因（因为在高考中出现的错误往往是你曾经犯过而没有注意到的错误，试想，如果你在高三复习过程中把可能犯的所有错误都犯过了并记录在错题本上了，在最后的冲刺阶段，你把所有问题都解决了，显然高考对于你来说一定是没有问题的）。在重新做错过的题目的同时，建议你尝试着"改一改题目"，如给某一个题目换一换条件，看看应该是什么答案；如给某一个问题换一换背景，看看又将是什么答案……如果你有能力将一个题目通过修改条件和问题改成多个题目了，那么说明你的知识点是丰富的，知识之间的联系脉络是清晰的。改题的过程，既是对你掌握的知识进行巩固和提升的过程，又是对你处理题目信息能力的升华过程。实践证明，利用错题本进行"改题目的再练习"，不但会让你的知识和答题技巧得到迅猛提升，而且对于最后冲刺阶段自信心的养成也是大有裨益的。

■ 把心态调整到最佳状态

最后，我们再来谈一谈考试心态的调整及高考状态的激发和保持。

说到考试心态的调整及高考状态的激发和保持，这里需要提醒大家三点：

（1）复习过程中的各种波动（包括成绩的波动、考试信心的波动等等）都是正常的，大家不必太在乎这种波动，因为高考复习仅仅是一件需要你认真去做的事情，和很多你需要上心的事情一样，在做事过程中由于各种因素而出现的波动都是不会影响到你做事的结果的，因此只要你认真做了，即使有波动，你的总体走向还是在进步上升的，所以说，出现波动就享受这种波动给你带来的感觉就好了，不必太在意它，随着继续的努力，这种感觉自己就消失了，并且相信我，随着继续的努力，这种波动会慢慢变得相对平缓的哟。

（2）就现在高考的这件事情来说，没有必要和别人进行过多比较，因为现在的高考录取率很高，高到会把你身边所有的人变成朋友，而不是对手，大家携手共进，一起高高兴兴地考上理想大学都是没问题的，因此，即使在高考中你的分数、名次出现了与别人的差异，对于你的高考而言也不会影响到你上你想去的大学的。

（3）最后这 100 天，你需要多多做一做简单的题目，因为现在的高考 750 分的分数中，有 650 分以上的简单题，因此，这 100 中天你做过多的难题、复杂题没有什么意义，另外，考试中自信心是状态提升最为重要的源泉，因此熟练地完成简单题，会让你熟悉相关知识的同时，使你的自信心得到很大提升，所以说，在这一阶段，多做简单题目，是考试心态调整及状态激发和保持的最好法宝。

如果在你的高考复习中，能够充分地将上面提及的四个阶段把握好，我相信，你一定能够过一个充实、快乐的高考复习年，并在最终的高考中获得自己想要的成功。

 超哥说：

一定要做题并进行错题整理。这一点对于高考的复习来说至关重要，因为在高考复习的最后（二模或三模以后），几乎所有人都会有些茫然，在这个时候，错题整理将是最最有效的复习工具。

第 12 章

巧做题一定拿高分

优等生经验谈——戴双凤——考入北京大学

"我做题速度慢，所以，有很多次，在规定的考试时间内，我都完不成我的答卷。于是，我便决定改变策略：先做题，做完后再来检查。只是，我没想到的是，最后一题我不会做，即使之前不停地赶进度，做到最后一题的时候还有很多时间，但是，我的脑子就是不开窍，折腾最后一题折腾了好久还是找不到解题思路，于是，后面的题没做出来，前面的题也没有再复查。我的数学就这样悲剧了。因此，我想要告诫大家：千万不要盲目地追求速度，要在保证正确率的情况下再来尽量提高速度。"

优等生经验谈——黄铃——考入北京大学

"对于考试要有整体观念。老师都告诫我们做题时先易后难，但考试时真正做到不是那么简单的。我有很多次这样的经历，考试过程中我都把不会做或者不确定的题目先跳过了，做会做的题。但是心里总是惦记着那些不会做的，想着把所有的题目都做对，导致不能集中注意力来思考，做题准确率就会受到影响。后来我决定要敢于放弃难题，但是会做的我争取一次拿下，该拿的分数不丢，不会做的没做完也不那么在乎了，有多的时间我再去想剩下的难题。"

　　目前学校的课程体系是非常丰富的，能力的培养也是很综合的，但最后选拔人才的时候，考试还是最为重要的手段，在我们的一生中，每一个阶段也都会面临林林总总的大小考试，应试的能力是我们学习和生活中必备的一种能力，因此，在本书的最后，我们来探讨一下与应试直接相关的答题技巧问题，希望对大家的应试过程有所帮助。

　　首先声明一下，为了有的放矢地介绍"超水平发挥的答题技巧"，我们以应对"高考"的答题技巧作为分析的基础，请准备参加其他考试的"考生"就相关的技巧借鉴使用。

　　我们现在开始，"超水平发挥的答题技巧"包括五个方面的内容：第一，站在出题人的角度思考问题；第二，抓住考试的规律；第三，设计自己的得分点；第四，学会选择使用材料；第五，做好考前准备。

■ 站在出题人的角度思考问题

　　首先我们先来看一看第一方面的内容：无论什么样的考试，出题人在整个考试中所占的分量绝对是举足轻重的，高考自然也不例外，出题人会依据对"考纲"（用以说明对被测试者具体要求的官方标准）的要求、考生所用的教材及自己对考试目的性的理解的综合分析进行题目的设计。考试过程的本质其实就是考生通过出题人所设计的考题与"标准"的一次直接对话。因此要求出题人一定是相关考试科目领域中的高手，他们既对标准了然于胸，又拥有足够的技巧将这些标准反映在考题上，以考察考生的基本素质和能力水平。试想一下，如果你在答题过程中能够拥有与这些出题高手们一样的思路和感觉，估计你想在考试中失败都很难。对于高考而言，这些出题的高手是怎样的一个思路和感觉呢？我们认为有以下两点需要关注：

（1）由于出题人都是相关学科领域内的"高手"，那么出题人更多的关注点一定是放在本学科核心思想、核心知识体系、核心能力的考查上，不会存在"有意为难"考生的思想，因此，出题人设计试题的第一依据就是本学科所反映的基本思想内涵和普遍规律（这些内容已经集中写在了"教材"中）。

（2）既然是具有考查和选拔机制的考试（高考是为国家选拔培养更高层次人才而设立的考试），考查的目标一定是符合国家标准要求的，这些标准要求会依据不同学科的特点和功能分散在各个学科中进行考查（以生物学的考查为例子，根据生物学学科的特点和功能，标准要求中的"知识理解能力"、"实验探究能力"、"信息获取能力"和"知识综合应用能力"等能力要求会在生物学的考查中集中体现），因此，出题人设计试题的第二依据就是国家关于考试的目标标准要求（高考的标准要求及不同学科所需要体现的要求都已集中写在了"课标"、"考纲"和"高考说明"中）。

有了以上的认识，下面我们再来说一说我们应该如何做才能找到出题人的感觉呢？

首先，工夫要放在复习的过程中，既然我们已经知道了出题人是怎样考虑的了，那么在复习中，我们需要集中对学科的基本思想、普遍规律做深入理解，对能够反映学科基本思想和普遍规律的重点知识做详尽整理，同时还需要研读"课标"、"考纲"、"高考说明"，明确国家标准的要求及相关要求在相应学科中的反映（研读"课标"、"考纲"、"高考说明"的工作要放在复习的初始时期完成）。这样做才能确保在复习的时候有的放矢，才能在处理复习题目的时候，对题目理解到位。

其次，出题人的想法都是通过题目反映出来的，在考试的时候要想找到出题人的感觉，了解出题的人用意，就需要从题目所给信息入手，在题目的信息中审读出题人的用意，找到出题人的感觉，关于"审题"的问题，我们会在后面内容中做详尽的分析。总之，出题人的感觉是可以从知识复习过程、考纲要求、题目指向等多个方面找到的，通过努力找到出题人的感觉，站在出题人的角度审视考试，是你成功应对考试的第一技巧。

■ 抓住考试的规律

下面，我们再来说一说答题技巧的第二方面内容：我们经常听到有人诟病考试的形式对于人才综合能力的选拔力度不足，从某种意义上讲，这确实是一个事实，为什么这么说呢，因为任何考试都是有规律的，只要你找到这个规律并用好这个规律，即使你的知识、能力水平没有那么强，也可能在考试中获得较高的分数（当然，在一般情况下，考试还是最为合理的选拔方式，因为在大多数情况下，对知识理解到位，综合能力强的人，才会在考试中占据优势，并且考试的客观性、公平性也是目前其他选拔方式无法比拟的，因此，到目前为止，在包括高考在内的各种选拔过程中，考试仍然是最为重要的手段）。

既然考试是有规律的，那么我们就可以尝试找到这个规律，并运用这个规律为我们的成绩提高作些贡献（我当然希望你是在知识学习到位，能力培养完善的情况下使用这些规律）。其实，很多考生在复习过程中，都在有意无意寻找着考试规律，比如，我就听说有学生告诉过我"对于选择题来说选 B 或选 C 的概率远远高于选 A 选 D"、"选择题选项中'字多'的选项往往是正确答案"等。

我在这里说的考试规律和这些同学的规律还不太一样，下面要介绍的考试规律是一条"从题目中分析入手运用知识和技巧最后获得答案的完整过程"，希望你看完后可以运用这个规律将更多的题目做正确。

这条规律是从"审题"开始的，前面我们曾经提到过，出题人会通过题目信息架起一座沟通知识、标准与考生的桥梁，所以抓住题目信息是抓住解决问题的关键，也是运用考试规律的第一步骤。那么，题目信息应该如何审读呢？根据我的经验，审题过程应该按照这样的顺序进行：

（1）通看全题，所谓"通看全题"就是将整个题目完整浏览一遍

（包括题干和问题都要浏览），通过这样的浏览你会对题目有一个总体的印象，对题目难易程度、知识点考查指向等有一个大概的了解，这种了解会让你在真正解决这个题目的时候做到心中有数，浏览全题的时间最长不要超过 20 秒钟。

（2）审题干（题干就是题目最开始的那段文字、图表等信息，通过这些信息，我们可以清楚地知道题目的基本意图，有些题干很长，有些题干很短，但无论长短，从题干中我们都可以获得很多有价值的信息），所谓审题干就是通过对题干的细致分析了解题目的知识指向、能力指向等内容，审题干的关键在于能够理解出题人希望通过这个题目考查什么样的知识和能力，通俗地说就是能够看明白题目的意思，为了达到这个目的，这里有两个审题的小建议，请选择性使用：

第一，将题干中的信息要点简单地记录在草稿纸上，然后使用箭头按照要求的指向将它们串联起来，这样你会看到一个简单的"题目信息"框架，这个框架对于你理解题目大有好处，尤其是在题干信息复杂的情况下，如果不适用这种方法有可能由于信息太多而造成混乱，最后连题目都无法看懂；

第二，试着运用自己的语言将题目"翻译"成自己熟悉的"白话语言"，考试题目使用的语言一般是专业语言，对于非专业的你来说，很多专业语言会让你混乱，会造成简单问题复杂化的状态，在这种情况下，如果你能够将这些专业的语言翻译成自己熟悉的语言（在学习这些专业语言的时候，我们也曾建议运用形象思维的方法对其转化成为容易理解的内容），这样，你就很容易理解题目的意思，当然，答题的时候也会得心应手。

（3）审问题，所谓审问题是指仔细对题目中所提出的问题进行审读，由于考试中题目数量的限制，出题人往往会在一个题干下考查若干不同知识指向的问题，了解每一个问题考查的指向是你能否将其做对的关键所在，审问题的目的也就在于此。通过审题，我们已经完全明确了这个题目的考查方向，接下来我们要说一说"解答题目"的问题，这是运用考试规律的第二步骤。解答题目需要注意两个问题：

第一，运用学科的专业语言和题目信息作答。不同学科都是有自己的一整套专业语言的，毫无疑问，在相关科目考查过程中使用专业语言作答是一个基本要求，在前面审题的时候，我们使用了将专业语言翻译成我们容易理解的白话语言，但在解答题目的时候，千万不要使用"白话语言"作答，你需要将这些白话语言在翻译成专业语言后进行答题。如果在解答问题的过程中找不到我们熟悉的专业语言作答（或者你忘记了专业语言），你可以运用题目信息中提示的专业语言作答。

第二，根据题目，所答所问，体现出学科的逻辑思想或者题目的逻辑联系。由于题干中信息很丰富，而在问题中却有比较明确的知识指向，因此在你作答的时候主要注意所答所问，不要偏离题目指向作答。另外，在"寻找出题人的感觉"的时候我们就曾提到，学科的考试是要考查出本学科的思想的，因此，反映学科思想的逻辑联系在答题时是需要体现出来的，有些时候希望考查的学科逻辑思想会清晰地反映在题干中，在审题中将其找到并运用在解答题目上会起到事半功倍的效果。

■ 设计自己的得分点

找到了出题人的感觉，抓住了考试的规律，接下来我们要做的是—— 设计自己的得分点。考试中能够得多少分，这个问题显然与出题人有点联系，但关系并不太大，更多影响你分数的因素还是来自于你自己，如你的学习水平，你的身体状况，你的心理状态等等。这些因素的调整在前面一章我们已经做过一些分析，也给出了一些建议，在这里，我想告诉你的是，除了以上因素以外，在考试的时候，你对自己得分点的设计，也是影响你分数的重要因素。拿到考题后，对自己得分点进行合理的设计，这一点简直太重要了，下面我们重点讨论一下得分点设计的原则和方法。

得分点的设计原则很简单，就一句话：**"'慢'做'会'，全做对；敢于去'拼'中等题，敢'放'全不会！"** 意思是说，在考试过程中，放弃自己肯定不会的题目，将时间分配给自己会做的题目上，以确保将会的题目分数全部拿到，最后再去试着拼一拼有可能会做的题目，对于这样的题目，能拿多少分就拿多少分，不强求。

在这个原则基础上的得分点设计方法，那就因人而异了，为了将这个问题说清楚，我们先将"考试的人"分成以下三种类型：兴奋型（"人来疯"型，考试中做题如果"顺"了，那么极容易超常发挥）、马虎型（这样的人很常见，每次考完时总是会说"哎，这个我会的，就是没注意"，这样的人属于典型的马虎型）、稳定型（心理素质稳定，无论什么考试都可以正常发挥水平，波动性很小）。针对不同类型的人，具体做法的建议如下：

对于兴奋型的人的建议是：

考试时，拿到考题，先用很短的时间（5分钟，即发试卷到考试开始的这段时间）对整个试卷进行浏览，根据你自己的知识基础和状态，将试卷中的全部题目分成三类：简单题（会做的）、中档题（仔细想一想有可能会的）、难题（仔细想也很难做对的）。接下来，先按照"简单题"→"中档题"→"中档题"→"简单题"→"中档题"→"中档题"→"难题"的顺序进行试题处理，如果按照这个顺序很顺利都完成了，那么后面的题目处理就按这个顺序循环就可以了，直到把所有题目处理完毕为止。

这样安排题目顺序的原因在于：兴奋型的人，先处理"简单题"，这是他会做的题目，因此通过顺利完成这个题目，他的自信会得到加强，紧接着做一个"中档题"，随着中档题的做对，他的信心就更加提高，在这个基础上再来一个"中档题"，如果这个题目也顺利解决的话，他的自信就得到了巩固和确定了，在这个时候再来一轮"简单→中→中"

的加强过程，他的心理状态已经是完全信心满满的状态了，在这样的状态中处理"难题"，只要知识上没有问题，凭借这时兴奋型的人的心理状态一定是可以将这个难题拿下的，随着这个难题的解决，兴奋型的人会在整场考试中保持充足的自信状态，继续按照"简单→中→中→简单→中→中→难"的顺序就可以很容易地顺利完成考试。

除了这种顺利状态，在考试中还有可能遇到一些其他情况，比如做到难题的时候"卡壳"不会做了，或者做到中档题"卡壳"了，甚至做简单题的时候就不会了，如果遇到以上提及的类似状况，兴奋型的人请注意这样一个基本原则：即暂时放弃"卡壳"的题目，重新从简单题开始做起。如果在难题卡壳了，请暂时放弃它，重新开始一次"简单→中→中→简单→中→中→难"的循环，如果在中档题卡壳了，也请暂时放弃它，重新开始一次"简单→中→中→简单→中→中→难"的循环，如果在简单题就卡壳了，还是先暂时放弃它，重新开始一次"简单→中→中→简单→中→中→难"的循环，这么做的好处是能够保障兴奋型的人始终处于相对兴奋和自信的状态。

还有一点需要强调，如果在同一个题目中多次卡壳，那说明这个题目是一道你知识上达不到的"难题"（无论你在初始判断的时候将其划分成了什么样的类型），请果断放弃，因为得分点设计原则中很重要的一点是"敢放全不会"；

对于马虎型的人的建议是：

考试时，拿到考题，先用很短的时间（5 分钟，即发试卷到考试开始的这段时间）对整个试卷进行浏览，根据你自己的知识基础和状态，将试卷中的全部题目分成三类：简单题（会做的）、中档题（仔细想一想有可能会的）、难题（仔细想也很难做对的）。接下来，请按照"中档题"→"中档题"→"简单题"→"简单题"→"中档题"→"中档题"→"简单题"→"简单题"的顺序进行试题处理，按照这个顺序进行循环，把简单题和中档题都处理完毕后再去试着处理处理"难题"。

这样安排题目顺序的原因在于：先处理中档题能够保障让你先踏下心来且不会影响到你的自信（如果先处理简单题，会容易让你造成"轻敌"的心理，从而在后面的考试中更加"马虎"；如果先处理难题，会容易因为不会做而丧失信心，因此从中档题开始处理起对于马虎型的人是合适的）。两道连续中档题的处理，会让你对考试真正重视起来，同时也能使你更加认真对待考试，这时再做两道简单题，在你相对认真的状态中，将两道简单题确保做对，会让你的信心大增，当然也会使你变得相对浮躁而轻敌起来，接下来再来两道中档题，使你的心再平静下来，在这样的循环中，既可以保障你认真对待考试，又可以保持你考试中良好的信心状态。

对于稳定型的人的建议是：

根据稳定型人的特点，考试时，拿到试卷后可以省略对题目进行分类的工作，这个工作放到审题时做即可，对于这种类型的人的建议很简单："审题"→"会做"→"做对"→"下一题"；或者"审题"→

"20 秒钟没有思路"→"暂时放弃"→"下一题"，通过这样按部就班的方式将会做的题目完全做对后，再去考虑那些被自己"暂时放弃"的题目。

知道了不同类型的人在考试中得分点的设计原则和方法后，请你判断一下你是什么类型的人吧！你可以尝试使用这些方法来改善你的考试。

■ 学会选择使用材料

关于答题技巧的第四方面内容叫做"学会选择使用材料"。学会选择材料无论是对考前复习还是对于考试做题都是至关重要的，因此，对这一部分的分析我们分成两个部分。一部分指向考前复习材料的选择和使用问题，另一部分指向考试题目中的材料使用问题。

我们先来聊聊"考前复习材料的选择和使用"问题，与我们前面所说的复习材料不同，这里考虑的"复习材料"指的是考前"临时抱佛脚"时使用的复习材料，考前复习材料如果选择使用得当的话，会对考试的正常发挥起到非常关键的作用。为了更好地应对考试，在临考试前建议选择以下材料使用：

（1）错题本，在前一章介绍复习节奏和策略的时候，我曾经反复强调错题本的建立的重要性，错题本是考前复习最好的材料（没有之一），因为在考试过程中，我们犯的错误一般都是曾经犯过的错误（在知识的学习上，经常出现"在同一个地点摔跤"的现象，由于某些知识点学习得不够扎实，经常会出现在这些知识点上反复犯错的现象），如果在考前能够把曾经犯过的错误再"过"一遍的话，对于降低在考试中犯同类型的错误会非常非常地有效。

（2）总结着知识脉络的大纸，还记得在复习时自己总结的那几张总结着相关学科知识脉络的大纸吗？在考前，它将发挥出极其大的作用。根据对出题人的分析，知识联系、知识之间相互关系的考查将会是题目中的重点问题，在考试之前，看一看"大纸"，会让你对知识之间的联系了然于胸，对应考试中相应试题的解决将会变得"胸有成竹"。

（3）选择最薄、最基础、最简单的那本练习册进行少量练习。对于知识细节的复习，建议选择最薄、最基础、最简单的那本练习册使用，因为在考前如果你还在选择难度很大、数量很多的题目进行练习，不但对考试的复习无效，反而有可能影响到你的信心。只选择少量典型、简单的题目做一做，一是为了保持"考试手感"，二是为了"增强信心"，三是为了在考试中拿到更多的分数，因为在考试中，相对简单的题目才是试题的主体部分，占的分数也是最多的。

关于考试题目中的材料使用问题，还是要强调"审题"，通过审题将题目的脉络理清，考查点找准，再结合上你学习过的专业知识，最终使用"专业知识（或思路）+题目信息（或思路）"的模式对题目进行作答。总而言之，合理地选择和使用"材料"对于获得满意的成绩来说至关重要。

■ 充分做好考前准备

最后我们再来说一说有关"充分做好考前准备"的问题。做好考前准备，这是一个老生常谈的问题，而老生常谈的原因正是因为其对于考试的重要性。考前我们都需要做哪些准备工作呢？我们认为对于考前的准备，要从"物质"、"心理"、"技术"三个方面做足。

先说一说"物质准备"，所谓的物质准备，简单地说就是"吃好、喝好、睡好、玩好"，让自己的身体处于最佳状态，确保考试之前及考试期间不生病。这里想特别对"玩好"做一些分析："玩好"是为了保障"心情的愉悦"，愉悦的心情会让你吃得香、睡得着、喝得足，从而使"身体棒棒"，从这个角度上讲，"玩好"才是保障身体健康的重要基础。这里说的"玩"也和我们平时所说的玩不完全相同，这里的"玩"更多关注点放在了"使心情愉快的活动"。

对于那些在考前"极度紧张（极度紧张状态就是由于紧张而影响到了自己的吃、喝、睡，进而使自己的身体状态出现下降的心理状态）"的人来说，"玩"是最为重要的物质准备，"玩"可以让你的紧张程度降低到合理水平的同时，保持心情的愉悦。对于这样的人，请根据你的情况选择你的玩法：如果你属于参加娱乐活动会对考试更紧张的人，考前努力地复习也许对你来说是最好的玩法；如果你属于通过发泄才能释放紧张的人，那么一些相对剧烈的活动（打球、聚会、K 歌）等活动可能更加适合你，但请注意不要让身体受伤；如果你属于通过比较缓和的方式就能舒解紧张的人，那么建议你使用听听音乐、看看书、和好朋友聊聊天等玩的方式……

由于身体的调整是需要时间的，因此建议你在考前 3 个月左右的时间就开始做相应的身体调整和物质准备。最后特别强调一点，物质准备的有效性是建立在"规律生活"基础上的，所以建议你提前做一个有关物质准备的计划，并提早按照计划进行实施。

再来谈一谈"心理准备"，这里说的"心理准备"和前面提到物质准备中的"心情愉悦"不同，这里的心理准备指的是让自己有"适度的紧张感"。由于面对考试，任何人都会有一定的紧张感，如果这种紧张感没有影响到你的身体状态，那就是算是"适度的紧张感"了，但如果已经影响的你的身体状态了，你需要通过物质准备中的"玩"使它降到适度水平，因此，也可以这样说，最好的心理准备就是"不做任何刻意的心理准备"。

最后我们聊一聊"技术准备"问题，建议从参加考试的前一周开始，每天在考试进行的对应时段坐下来，做一套最最简单的题目（建议选择可以得满分的题目在这时使用；如果你不想做题，那就随便拿张纸，用笔在上面随便写些什么吧），这种生物钟的调整是保障考试状态的最好技术准备。

希望大家充分利用以上五个方面的技巧，将考试中能够拿到的分数通通拿到。

超哥说：

　　得分点的设计原则很简单，就一句话："'慢'做'会'，全做对；敢于去'拼'中等题，敢'放'全不会！"

附录

学生自述——我自己的
学习方法

在反思中继续前进

在这次考试中，我取得了不错的成绩，在年级进步了将近二百名，而且进了班里前十名，这是我自上高中以来取得的最好名次。

我认为优秀成绩的取得，不是由于偶然，而是刻苦努力的结果。自从上高二以来，我感觉自己的心态比高一平稳了许多，不再整天想着放假，而是把大部分精力放在学习上。我每天学习的时间抓得很紧。我认为一天有两个时间段是很重要的，一个是中午吃完饭到中午自习的时间，二是晚自习下课到就寝的时间，加起来大约有一节课。我每天就是抓住这两段时间，学习成绩才有了较大提升。这说明了一个道理，付出越多收获越多。

从高二的学习方法中，我总结了几条学习方法，总结在这里，以激励和提醒自己以后取得更大的进步。

（1）抓课堂效率

理科学习重在平日功夫，不适于突击复习。平日学习最重要的是课堂 45 分钟，听讲要聚精会神，思维紧跟老师。

（2）抓作业质量

所谓高质量是指高正确率和高速度。写作业时，有时同一类型的题重复练习，这时就要有意识地考查速度和准确率，并且在每做完一次作业时能够对此类题目有更深层的思考，诸如它考查的内容，运用的思想方法，解题的规律、技巧等。

（3）抓"思考"+"提问"

首先对于老师给出的规律、定理，不仅要"知其然"还要"知其所以然"，做到刨根问底，这便是理解的最佳途径。其次，学习任何学科都应抱着怀疑的态度，尤其是理科。对于老师的讲解，课本的内容，有疑问应尽管提出，与老师讨论。总之，思考、提问是清除学习隐患的最佳途径。

（4）抓课外练习

课余时间是十分珍贵的，所以既要抓课外练习，又要少而精，只要每天做两三道题，天长日久，思路就会开阔许多。

当然，学习方法是重要的，但刻苦钻研、精益求精的精神更是必需的。学习其实是一件很简单的事，只要坚持不懈地努力，就一定可以学好。

点评：

这篇总结很简短，但却是一篇非常有效的总结，之所以将这篇总结节选于此，主要是想提醒大家以下几点：

（1）总结是必要的。有效的总结不但会帮助你清楚地认识到成功的方法，更可以为后续更大的进步和努力积蓄力量。

（2）总结是写给自己的。总结绝不是为了应付老师，真正的总结是写给自己的，为自己此前的努力做一做沉淀，通过总结和思考过程，查漏补缺，发挥长处，避免（或更正）短处，为此后的努力指明方向。

（3）总结不必很长，但要把最重要的心得体会记录下来。总结不是堆砌文字，只需要把自己最想写的东西"为自己"写出来即可，这样既可以保障总结的效率，更可以为后续的努力提供最为重要的参考依据。

（4）从以上这位同学的总结中，我们可以总结出这样一个小的"成功公式"：进步=节奏+课堂效率+作业质量+思考提问+少量精致的课外练习。从学习节奏的角度看，这位同学抓住了一天中对于自己来说效率最高的两个时间段进行有效学习；充分抓住课堂的效率使得学习的过程事半功倍；提高作业质量、善于思考提问并根据自己的情况适当地加一些"精致"的课外练习，这些都很好地帮助他及时解决了学习的问题。更为难能可贵的是，这位同学意识到了"持之以恒"的重要性，这一点对于学习来说无比重要！

一切皆有可能！

不知不觉，进入初中已经两个月多了，这期间经历了一次月考和期中考试。忘不了那一次月考时，我信心满满地走进考场，满面春风地走出考场。可谁曾预料，那次考试却教会我懂得了什么叫做"事与愿违"。

面对各科不满的分数，我十分懊恼，又十分后悔，心想：怎么考得这么差。虽然脑中有千百个答案，可还是接受不了这事实。但过了几天，我的心情略有平静，我静静地想了一下，失败的原因可能是因为语文的基础和阅读部分失分大，数学没发挥好，英语的确把会的都填对了，可还是失分不少！"失败乃成功之母"，查找问题，改正缺点，努力上进才是解决问题的根本，在哪里跌倒就在哪里爬起来，我从月考的阴影中走了出来，又鼓起了信心，为期中考试做准备了。

我不仅和以前一样上课认真听讲，而且更加积极回答问题，有不会的就问。在学习的过程中，我才发现，自己以前是有些懈怠了，并且不知复习。课下，我使劲地挤着时间背小科，或者看看书。考前，我抓紧时间再多看一些，再多记一些，对于主科，我上课十分积极，下课又再复习；对于小科，老师布置下的内容一定要完成，并且要求质量……这些习惯对我也有很大的影响。

我始终相信，功夫不负有心人。一个月后，我又一次信心满满地迎接期中考试。果然，付出多少就回报多少，我从上一次级次 102 名到这一次级次 14 名，进步了 88 名。

现在回想起来这半学期的经历，我在第一次月考中的确败得很惨，但我没有气馁，我在失败中又重新认清了方向，朝这一方向努力学习，最终获得进步。面对失败，我不断告诉自己：一次的失败并不代表什么，最重要的是要坚持到底，要再燃起信心，向成功继续进发，因为"一切皆有可能"！

点评：

这是一篇初一同学的总结，在这个同学总结的字里行间，我们可以清晰地感受到"心态的调整"对学习进步的重要性。这位同学经历了"失败→调整→努力→成功"的过程，其中面对失败，心态、状态的调整是其成功的基础，而心态、状态调整后的具有针对性的"问题解决式的努力"才是其最后成功的保障。希望读者可以从这位小同学的心得体会中体会到心态调整和坚持到底的努力对于学习的重要作用。

"无华"的方法，"华丽"的进步

　　这次考试考得不错。刚出成绩后，就有同学问我学习方法，我回了八个字"课上认真，课后总结"。言简意赅。而那个同学更直接，只回我两个字，不是"谢谢"，而是"敷衍"。我当时就无语了。没错，我们从小到大听到的所有学习方法都一样，就是这八个字。可这八个字绝对是真理的浓缩。

　　课上认真。有时上课听人抱怨一句"好无聊啊"，接着就拿出作业开始做。甚至还有人问过我"你听课干吗啊！那么简单，书上都有"，我当时真想质问他："那你来学校干吗啊？为什么不在家自学呢？"课堂是我们众多学习环节中最重要的一环，只要把握好课堂，成绩自然不会差。其实上学期开学时，作业很多，我当时总是想着，自己无论如何也不能沦落到做不完作业的地步，所以就在课堂上狂热地做作业。但过了一段时间，就觉得有些得不偿失。因为自己没听课，作业很多都不会，只能花更多的时间去查书或问同学。后来才明白，课堂是学习的基础，其他的一切都是为课堂服务的，其中包括作业。作业只是手段而不是目的，在课堂上做作业，完全是本末倒置的行为。

　　课后总结。这里的总结不是简单的自我反省，而是很严肃、很正式、很客观的书面总结。我在每次大考后都写总结，一科一科地分析自己的优势和不足，还有这段时间自己的学习状态。当然，这种分析是很痛苦的，因为在自己面前，任何借口都变为自欺欺人。正是因为这样客观地剖析自己，才能使自己的不足和缺点暴露无疑，便于自己改正。

再说一下对于考试的心态。要做到"考前重视，考时正视，考后轻视"。考前重视是指戒骄戒躁，静下心来复习。考时正视是指考试时兴奋而不紧张，兴奋可以让你思维活跃，加快解题速度；不紧张可以让你正常发挥，避免低级错误。考后轻视，做到胜不骄、败不馁，踏踏实实，步步向前。

正如这次语文考试的作文题目一样——没有以后。高一只有一次，别把后悔留给明天。把握好现在，从今天开始努力，相信自己一定会成功！

点评：

这是一篇来自一个高一同学的总结，这篇总结简洁、直接、一语中的。这位同学重点关注到了课上听讲、课后总结、考试总结、考试心态等方面对于学习成绩提高的重要性，文字不多，但字字真金。作为写给自己的总结，轻松的语言、富有戏剧性场景的描述都会使得自己在以后再次阅读这篇总结时给自己带来轻松愉快的回忆。总结中提及的相关学习方法在本书前面都有比较详细的论述，请参阅使用。

改变自己，就是进步

尊敬的各位老师、亲爱的同学们：

大家下午好！

今天能够作为进步生代表上台讲话，能有这样一个机会与同学们在会上一起交流，我感到非常荣幸。在这里我代表所有同学对学校和辛勤培育我们的老师以及支持帮助过我们的同学表示衷心的感谢和诚挚的敬意！是你们给了我们发挥才能的空间，是你们给了我们知识和勇气，是你们给了我们无限的关心爱护和支持！

以前我是一个经常让老师头疼的学生，成绩不稳定，又贪玩。因为我的学习成绩不稳定，怕同学们会议论我，有时我会羞愧得不由自主地流下眼泪。

本学期开学，老师找我谈了话，鼓起了我的勇气，于是我下定决心要改变自己。渐渐地，我进步了，得到了老师赞许的目光，赢得了同学们的信任，学习成绩也逐渐地提高了。回顾半学期以来的学习生活，我又取得了一个个新的进步，这无不凝聚着老师的辛劳，同学们的热心帮助。

同学们，我们取得了点滴成绩，我们需要冷静、沉着地去面对。我感受到了班级其他同学都有了很大变化，仿佛一夜之间都长大了。"一滴水只有融入大海才永远不会干涸"，我也是这种情况，有了班级良好的秩序、老师的鼓励、同学间互帮互助的学习氛围，我才会有所进步，成为进步生的一员。下面我向大家谈谈我在学习中的一些体会，以便同学们在学习中借鉴。

（1）确定学习目标，分步实现。人有了目标，才有了前进的动力。我们应确定自己的学习和奋斗目标，分步实现，就会消除盲目不安的心情，胸有成竹，成功也就水到渠成了。

（2）注重学习方法，有了学习目标，再加上好的方法，那就可以加快前进的步伐了。上课认真听讲，这是一个重要的环节，我听老师讲知识点、推理过程，有些听不懂的地方，一定作好笔记下课再反复推敲直到透彻为止，另外课堂上我总是积极回答问题，这样我的思维紧跟课堂设置，精力集中，一堂课下来，有很多收获。另一个我常用的办法，那就是"问"，只有多问才能有提高，同时也活跃了学习气氛。

（3）注重巩固加深。知识只有经过几次反复运用后，才会牢牢记住。作业是必做的，但有许多同学认为老师作业布置的总是做过的题，根本没有意义，这也是这次一些同学退步的原因。我认为老师布置作业一定有理由，旨在让我们反复练习，加深了解，巩固提高。因此作业必做，基础才得以巩固，才能达到熟能生巧的境界。

（4）知识重在积累。难题不会情有可原，但基础和讲过的题必须会，那就要求我们，该写的必须写正确写会，该记得的必须记准确记熟。积累得多了，也就容易做到举一反三。改错也很重要，只有真正弄懂错在哪，才有进步。

（5）科学安排时间。时间的长短对大家来说是一样的，但要提高学习效率和成绩，就得比别人花更多时间。特别是周末，我也不放松，我总是限定时间，集中精力完成作业，再适当放松。我们一天中早上、中午、晚上都有课余时间。我利用早上头脑清醒的时候背需要强化记忆的知识，中午哪怕只有一刻钟，我也计划好完成学习任务。晚上我总是先复习当天学过的知识点，再完成作业。

成绩已属于昨天，我们要放眼明天，以积极向上、认真扎实的心态迎接下次的挑战。希望这次考试成绩不理想的同学，不要气馁继续努力，相信功夫不负有心人，让我们坚定信念，共同进步！

谢谢大家！

点评：

这既是一篇写给自己的总结心得，也是一篇写给所有人的发言报告。这位同学从良好的学习氛围的营建开始谈起，再谈到了学习目标、学习方法、时间安排、知识的巩固和加深等多个方面的学习策略问题，虽然篇幅不长，但问题的落脚点却是极其重要和深刻的，这位同学的学习之所以有长足的进步，与其合理运用以上这些学习策略是密不可分的，相信这位同学继续运用好这些学习的方法会取得更大的进步。因为这是一篇发言稿，不免有一些开场和结尾的"场面话"，如果只是写给自己看的话，这些"场面话"完全可以省略哟！

"揪出"每个科目的问题，解决它……

此次期中考试总体看来发挥正常，但还是暴露出来了不少可以总结的问题，现在将这些问题分科目总结如下，一是为了在后续的学习过程中提醒自己，二是为了下次总结时作为对照，哈哈！

好，开始喽：

（1）语文

单从成绩方面来看，从两次统练到期中考试，成绩一直都不理想。不得不承认，平时忽视对于语文的积累，没有系统地进行语文文言文阅读（拓展延伸题）、诗歌鉴赏、现代文阅读的练习、复习。

本次试卷中出现的问题有：

① 对于课内文言文的基本知识没有完全吃透、理解，课内文言文的漏洞体现在文言文阅读题中对于虚词的意义和用法无法明确判断正误；

② 对于文言文阅读题中的文言原文的理解存在障碍，不能灵活联系已学过的知识；

③ 文言文拓展延伸题的例子不能十分恰当与文本切合；

④ 没有掌握断句的方法；

⑤ 默写扣了一分，即便是默写，也应当做到严谨；

⑥ 诗歌鉴赏题目如何分析，过于急于求成，应当逐句分析；

⑦ 现代文阅读过程中，理清层次结构，对于部分语句的理解要有整体意识；

⑧ 作文：审题（题目、要求）的必要性。

（2）数学

尽管这次数学有所进步，但是从两次统练、课堂检测来看，数学成绩十分不稳定，忽好忽坏，而且好的时候很好，不好的时候极其不好。不得不说，这还是因为对于基础知识掌握的不牢固。还有一点很重要的就是，过分的患得患失，造成自己在考场上容易心烦、心慌，乱了阵脚。对于数学，不光要加大对基础知识的牢固掌握程度，还要提高自己对于数学考试的心理素质。

本次试卷中出现的问题有：

① 不够理解对于函数题目中，求定义域的意义，即便求解出定义域，但是不知道如何应用定义域；

② 初中基础知识特殊角的三角函数值应当熟记于心，不容许有含糊；

③ 不够明确有关导数的存在性问题与恒成立问题的区别；

④ 对于最后一道题，存在畏惧与排斥，导致自己失去信心，做题慌乱。

（3）英语

大言不惭地说，一直认为英语是自己的强项，但是这几次的成绩并没有显示出自己的强项所在，反而在警告自己不能掉以轻心。

本次试卷中出现的问题有：

① 虚拟语气的应用不够熟练，该背的还是应该踏踏实实地背；

② 完型这次错误较多，不能做到像语文一样联系前后文；

③ 阅读的细节题应当在原文中找到有力的证据，推断题应当在原文中找到相应的线索，总而言之，要回归文本（回原文）；

④ 作文？提高作文的方法？是应当多写，练笔吗？

（4）物理

除了刚刚开学的时候，第一次统练很好外，其他的考试成绩一直保持在中等的水平，一个高不成低不就的尴尬位置。其实我并没有觉得很不公平，因为高一的时候没有给自己打好坚实的基础，现在需要一点点补起来，慢慢的、循序渐进的积累，然后才能有所进步。

本次试卷中出现的问题有：

① 基础概念不够明确（如振动的振幅是描述其固有的频率）；

② 细枝末节的知识也应当给予重视；

③ 看到做过的题目，不能想当然，凭自己的记忆做，应当把它当做新的题目一样"公平"对待；

④ 对于实验，必须达到读数、计算等基本要求；

⑤ 大题，画图十分重要。

（5）化学

化学老师说这次考试相对简单，而且判的相对松。虽然上了平均分，但是自己的成绩依旧不够理想。化学考察的范围看似不大，只是第一章到第三章，但是不得不承认，自己在很多细节、基础方面不够理解。分析主要原因，还是因为从开学到现在，自己过分拖沓，有问题不及时问老师，堆积如山的时候，都不知道从何问起了。

（6）生物

对于生物考试成绩还有些小失望。开学以来的生物学习状态，个人感觉没有上学期好，没有及时总结笔记，复习知识（尤其是生物变异那一部分）。对于生物练习册，有问题没有及时提出来，一次又一次地积累自己的问题不问，现在想想觉得挺遗憾的。

本次试卷中出现的问题有：

① 有关生物变异中基因重组的计算问题(分对讨论——乘法原理)；

② 免疫调节中的细胞免疫、体液免疫的区别记忆（如效应 T 细胞等）；

③ 实验题，明确谁是实验组、谁是对照组？语言叙述问题。

总结时看着这六科犯的各种"傻错误"，让我自己暗下决心，一定要在后面的学习过程中搞定它们！加油!!

点评：

这是一名高二学生的期中考试总结，这篇总结很有意思，没有很多的学习方法的总结，没有过多的自我剖析，而就是根据考试将每一个科目所犯的错误做了总结，但细细想来，这篇总结的实效性却是很大的，试想，如果每次考试，每一个科目的错误我们都能够意识到，并且通过后续的努力解决的话，那么我们的学习一定会不断进步的。虽然在总结中，这位同学并没有特别强调具体的学习方法，但在每一个科目问题总结时，字里行间中自然不自然地流露出来了很多我们前面曾经提及的学习方法，比如总结笔记、调整心态、及时解决问题等等，相信通过这样的总结，这位同学会获得持续的学习进步。

从年级 162 名到第 52 名

兴之所至，现将我最近一段时间的学习状态来做一次总结。

进入高一学年第二学期，由于各方的激励和学习方法的调整，我取得了一定的进步，由高一学年第一学期的全年级 162 名进步到了第二学期的 52 名，而在此过程中，自己还担任着本班学习委员一职，为本班的班级工作作出了一定的贡献。

许多同学有这样的困惑，当初所有人的起跑线都一样，为什么到最后每个人的位置却是各不相同？为什么一些学生比其他人进步快？

其实，进步是需要努力的。而努力则需要正确的方向与方法。同样，学习必须讲究正确的方法。而改进学习方法的本质目的，就是为了提高学习效率。学习效率的高低，是一个学生综合学习能力的体现。所以，提高学习效率是取得学习进步的直接途径。下面是我个人总结的一些提高学习效率的方法。

第一，最重要的就是劳逸结合（可理解为"合理安排时间"）

学习效率的提高最需要的是清醒敏捷的大脑，所以适当的休息和娱乐是必要的。不妨给自己做一些日程安排。把学习和娱乐的时间合理分配，这样既可以保持大脑的敏锐，又可以释放学习压力，不易产生疲劳感。清醒敏锐的头脑是提高各项学习效率的基础。

第二，课前完成必要的预习

完善的预习是求知过程的良好开端。通过预习可以提高听课的效率，加深和巩固对知识的理解与记忆，同时培养自主探究的品质以及至关重要的自学能力。当然，预习不是简单的浏览书本。自己应该带着目的与问题找出答案，找出新疑点，找出难点和重点。有目的的和针对性的学习是提高学习效率的重要保证。

第三，上课或者学习时要专心致志

提高学习效率的另一个重要的手段是学会用心。集中注意力是非常重要的。不要在学习的同时想或做其他的事。学习的本质是大脑思考的过程。无论用眼看、用口读或者用手写，都只是作为辅助用脑的手段。比如记单词，如果你只是随意地浏览或漫无目的地抄写，这要花大量的时间才能记住，而且记忆不深刻。但如果你专心致志，并运用正确的方法去记单词，记忆效果则相当明显。此外，记课堂笔记有时也会妨碍听课效果。如果你一节课只忙于抄笔记，反而会忽略一些很重要的东西。然而这不是说可以不抄笔记。抄笔记是非常必要的。但记笔记时要选择一些自己感到疑惑和重要的内容，这些才是真正有价值的东西。否则，盲目记笔记一定会影响听课的效果，得不偿失。

第四，养成独立完成作业的习惯

作业的本质是为了检查学习的效果，做作业可以加深对知识的理解和记忆。可以说做作业促进了知识的"消化"，使自己对知识的掌握进入到高级应用的阶段。独立完成作业可以提高自身的思维能力。面对作业中出现的问题，就会引起我们积极的思考，在这个分析和解决问题的过程中，不仅使新学的知识得到了应用，而且使思维能力在解决问题的过程中得到提高。

第五，养成及时整理与复习的习惯

对知识的整理是将其系统化的过程。也就是从整体和全局中去掌握彼此之间的联系，更好地融会贯通所学内容。

及时复习的益处在于能够加深和巩固对所学内容的理解，防止学习后发生快速遗忘。因此，我们要对刚学过的知识及时复习巩固。一旦时间过久，所学知识会遗忘殆尽，等于重新学习。当然，这个过程最好是自己独立思考，自主探究。

以上就是我总结的学习方法和经验。

俗语说，芝麻开花节节高，良好的开头是成功的一半，我一定会再接再厉，不断总结自己的教训、改善自己的学习方法，在现有基础上，稳步向前。

点评：

这是一篇全面的总结，这位同学把学习效率的提高作为核心，将各种好的办法集于这篇总结中，而且还借鉴不少理论对自己的观点进行佐证，有理有据，这篇总结可以看做我们这本书的一个小小缩影！

做个计划，给自己"执行力"

期中考试结束了，是时候沉下心来总结总结了！

高二开学以来状态相比高一有了较大的提高。课上走神少了，注意力也提高了不少，可以跟着老师思考，课堂效率较高。但主要问题在于作业完成，自主复习。完成作业时遇到问题一般直接翻答案，很少自己思考。而且每天做完作业就去做练习册，缺少对错题的关注、修改、整理。笔记也是只有在考试前才会去翻。但对于遇到的问题，我总是喜欢问同学，一起弄明白，实在不会的再去问老师，但也会有一些遗漏。

我是一个有个框架约束着才能努力干活的主儿，针对我自己这个特点，还是需要给自己制定一个小计划，以备自己后续努力学习参考。计划书写如下：

期末考试要力争进入班级前三，年级前五十，在物理、数学、生物上有所提高。

五月学习计划

早读前二十分钟，背英语单词

中午 12:10 至 13:00 整理上午所学科目

晚上 7:00 至 8:30 完成各科作业

8:30 至 9:10 整理作业本、练习册上的错题

9:10 至 10:00 做练习册

六月学习计划

早读前二十分钟，复习默写篇目，英语单词

中午 12:10 至 13:20 整理上午课堂知识点，问问题

晚上 6:30 至 8:00 完成各科作业

8:00 至 9:00 整理错题，复习笔记

9:10 至 10:00 做练习册

千千万万切记：执行力！执行力！执行力！执行力！执行力！执行力！执行力！

点评：

从这个总结中，我们看到了这位同学首先分析了自己最近的学习状态，分析很简短，但却很到位，他从课堂、作业、复习等多个方面对自己的学习状态进行了分析，从中我们不难看出他的成功之处和有待改进的地方，这样的分析一定会对其后续的学习起到极大的帮助。在状态分析结束后，他又根据自己需要计划约束的特点，制定了一个具体、细致的目标和计划。他的学习计划阶段分层清楚，时间安排明确，我相信只要他能够按照这个计划执行下去，在期末的考试中实现他的阶段目标并不是一件很难的事情，我们最深印象的是最后那七个带着感叹号的"执行力"的提醒，这说明这位同学已经意识到了执行的价值，期待他的成功。

把简单的事情做到极致

"光阴似箭，日月如梭"，一转眼，一个学期又即将结束。我认为，在每个学期末，都应该对自己在一学期内的各种表现做一个总结，想想自己有哪些收获，这会是一个帮助自身能力提高与进步的好方法，恰恰赶上老师也让我给大家写一些好的学习建议，那么就利用这一篇总结，合二为一吧。

在学习上，我想我们有以下几点应该注意和反思的地方。

第一点便是要真正消化和掌握所学的知识。一学期下来，所学的各种文章、公式、定理是很多的，而每个人的记忆能力是有限的，如果不及时复习，时间久了便会遗忘。远一点看，它对我们今后的学习不利；近一点看，它会对我们的期末复习造成影响。所以，我们要认真听老师的讲课，做好笔记，课下一定要及时复习，哪怕只用十来分钟回忆一下所学内容也好；回到家里，作业便是巩固知识的一种好手段，我们可以利用作业查漏补缺，可以利用作业深化记忆，可以利用作业培养自己对"简单题"的敏感度。同时，我们可以针对自己的"短板"，也就是稍微薄弱一些的地方多做练习题，找到做这些题的基本方法和步骤，就不会感觉它很困难了。当然，如果你的成绩优异，可以总结出使自己成功的学习方法，好的方法总会事半功倍。另外，我建议大家无论多忙，都一定要抽出时间来进行阅读，不仅是为了积累更多作文素材，更是当你伤心迷茫时，从那些美好的文字中体会到一份温暖和力量，或许它们比老师家长的劝慰更打动人心，让你重拾信心。

这些事情，说起来都很简单，但往往很难坚持，这并不一定是恒心与毅力的问题，而更多反映出的是我们对时间运用的效率。对于初一的同学而言，步入初二后，会多一门学科，学习的各种知识也会跨上一个新的台阶。对于初二的同学而言，步入初三后，学习任务会加重，也会进行更全面的总复习。我们肯定会感觉有压力，很劳累。因此我们必须学会劳逸结合。我们不缺乏目标，我们缺少的总是如何实现目标的计划。请在每日或每周给自己制定一个清晰的计划，安排好所有要做的事情以及做这些事情各自所需的时间，坚持按照计划去做，就能够有条不紊地驾驭时间了。

一个学期的结束，也标志着我们又长大了一些，我们再不是小孩子了，我们在抓紧学习的同时也应该学会独立。在家尽量做好自己力所能及的事，比如收拾好自己的房间，清洗好自己的衣物，帮助父母做家务，替父母分忧解难等等。并且，请多跟父母交流，不要以青春期的心理特点为借口居高自傲，不要总是抱怨父母不理解你，事实上你也应该学会理解他们。在学校，任性和耍小孩子脾气，都是我们应该改正的缺点，学会与他人相处，学会谦让他人，宽容他人，理解他人。当你真正做到这些时，你会发现，自己将得到他人更多的尊重和喜爱，生活也会显得更加阳光灿烂。

最后，我再次建议每个同学都能静下心来认真思考自己在一学期内的表现，做出一个客观的总结与评价，发扬优点，改正缺点。这样，我们就能自信地迎接新学期的到来，取得更大的进步。

点评：

这是一篇初中同学写给自己也是写给同伴们的总结，总结中语言亲切，思路清晰。总结中不但涉及到了具体的学习方法，而且还就做人、处理家庭关系等方面提出来好的建议。在谈学习方法的时候，这位小同学还能够就不同人的实际情况进行分层次的建议，确实是不简单。

一分耕耘，一分收获

高中的第一年就这样过去了，很高兴在过去的一年里我在学习上取得了进步，现将取得进步的原因总结下来，为以后取得更大的进步指引方向。

在高——开始，我制定了自己的学习计划，坚持当天的事当天做完，注重时间的安排和学习的效率。计划虽好，可实施起来就不一样了。高中的生活是丰富多彩的，各种各样的学校及社团活动，我都积极参加，不亦乐乎。可是，问题来了，期终考试成绩出来我就傻眼了，一些科目险些就挂红灯了，这下我可急了。在这时，老师帮助了我，老师劝说我要处理好学习和参加活动的关系，不能荒废了学业，作为学生，学习是最重要的。于是在第二学期，我暗下决心要把成绩提上来。在做好计划的同时，更加注重学习的实效，也请求老师对我进行监督。在老师的帮助和监督下，这学期我各个科目的学习都取得了进步。

成功是每个人的梦想，目标虽各有不同，但奋斗是永远不变的真理。我深知这种进步也是我的辛勤付出所得来的。在过去的半年里，每日清晨我是宿舍第一个起床读书的人，无论刮风下雨从不间断。渐渐地我也明白强健的体魄、健康的心理也是促进学习进步的重要因素，于是注重加强平时的锻炼和心理素质的培养，这样更激发我努力学习的欲望。

人们都说，留给过去的是回忆，留给现在的是奋斗，留给未来的是梦想。在回首过去时，我们因取得的进步而高兴；面对当前，我们化力量为行动，不断奋斗；那么在未来的人生路上，我们将会为曾经的风雨兼程而自豪。

在新的一学年，等待我们的还有更多的艰巨任务，我们将带着过去的辉煌和现在的憧憬继续奋斗，时刻勉励自己，争取在德、智、体方面全面发展，取得更大的进步。

点评：

这篇总结读来给人一种舒服的感觉，字里行间中充满了"正能量"。细细品味，我们看到了计划、坚持、执行力、身体、心态等多个方面要素对于学习的价值，不知不觉中这位同学将这些重要的要素有机地整合在了一起，相信他会取得更大的进步。

昂首挺胸，迎接新的挑战

期中考试我在 24 位，24 位？它犹如一道强烈的光，灼灼地刺痛了我，让我如梦初醒般睁开了双眸，看见了蓝蓝的天空，可想要接近天空，必须要坚持不懈，执着追求，顽强拼搏，敢于挑战，可我讨厌接近天空的过程中某些必备的因素，学习中那些因素就是政史地生，那么枯燥！那么无味！

于是我的小科变成了拉下我成绩的绊脚石，我承认，期中的复习，我压根儿没摸过小科的书，因为我讨厌它，我甚至幻想小科是小科，小小的科，没那个必要去背，背了长大了也是会忘记的，我便开始着重于语数外。我是做到了，做到了学后思、思后问，可那仅仅只局限于语数外。期中的那个 24，真的太过于刺眼，凭什么数学我不会的去问老师，语文和同学反复温习，英语和同学不断复习，就得到了个 24？不就是没复习过政史地生嘛……

"其实小科也是很重要的，不如我们一起复习吧！"同桌的那场及时雨般温暖的声音在我低谷时悄然迎来。

我沉默，我也想，在此刻，班上或许很多同学也因为忽略了小科而成绩被拉下吧。

我记得鲁迅说过"不在沉默中爆发，就在沉默中灭亡"。可我不能沉默，努力才能成功。恰同学少年，风华正茂，我们一定要趁着年轻，努力地学习，我还有半年的时间，争分夺秒，珍惜时光。在此，我想告诉大家，小科虽小，拉力不小。我们应趁这大好时光去走进小科，融入小科，爱上小科，切勿"刀枪入库，马放南山"，谨记"协调发展，一丝不苟"。

我想感谢一位老师，在期中考试尾末，她也送来了一场及时雨告诉我小科的重要性，于是我开始争分夺秒，为的是和小科拼一博！我年少，我风华正茂，我怕谁？在哪里跌倒就在哪里爬起！

与此同时，我也想感谢我的同桌，那位想方设法、费尽心思让我爱上小科的同学；那位对于学习力求一丝不苟，威信极大的同学；那位一面可爱一面霸气的同学，甚至戴上了"秦始皇后裔"称号的同学，谢谢你让我对地理感了兴趣，从而爱上了小科，教会我巧背政治的方法。

说了这么多，我最想感谢的，是我的爸爸妈妈，感谢你们在面对我过往成绩时，对我耐心开导，理解安慰，并无责怪之意，甚至鼓励我，磨砺了我自信的品质。我清晰记得，期末考试考小科前夕，爸爸热汗淋漓，却还是拿着我的历史提纲唯恐漏掉一题地耐心提问，为了不让我为难，你还笑意盈盈地说从我提问中学到了不少东西呢！其实我晓得，我们家里就属你最怕热！一热，你就会发起牢骚要开空调，而那天，骄阳妩媚，夜间尚存余热，你却忍耐炎热与我一同复习。

妈妈，在考试之前我总是对你发着脾气，一天一小吵，两天一大吵，却总是立刻和好，在我抢记小科时，轻轻御下牛奶杯，然后转身离去的那个背影总是你；在我每每周考成绩下来时，陪我笑谈颜开的人总是你，陪我共同研究错题的人总是你，我明明知道你不懂初一数学，却还故意嘲讽你，你却笑逐颜开，仍要我给你讲。我的嗓子嘶哑，沏花茶润我嗓子的人是你；耐心地听我讲一大堆没学好的生物结构的人是你，你有时候还竖起大拇指夸我知道的多，我又好气又好笑，你明明从医，生物还用得着佩服我？

彩虹，只有经过无数风雨的洗礼后，才能更完美地展现在我们眼前；我们，只有在学习中不断进步，在磨砺中不断成长，一步一个脚印，才能一点一滴完成由小到大……

一分耕耘一分收获，有努力有汗水必有成果，成绩与付出的努力总成正比。期末我在班上12位，进步了12位，对于这个成绩，我想感谢赐我忠告的老师们……

这次期末考试，数学这个分数对于我是个惊喜，使我不由自主地想起数学老师的尽心尽力，孜孜不倦。您才思缜密，像源源不断的江湖海流，启发我们拓展不尽奥秘，我爱数学！

语文是我最后悔莫及的成绩，因为时间没抓握好，作文构思精巧却未能完工，可语文老师给予我的忠告却是给我最大的礼物，您慷慨激昂的话语，像妙语连珠的散文诗篇，带领我挖掘灵感，我爱语文！

英语我不太敢面对，因为每想到余老师那良苦用心，我就深感内心惭愧，您教导有方，您灵活多变，像奇妙活泼的英文字母，带领我们走进无限国度，我爱英语！

还有地理老师、生物老师、历史老师……

地理老师，你怀才于心，像纵横世界的探测神眼，引领我们饱览无边河川。

生物老师，你循循善诱，像层层演变的进化历程，指引我们探索无穷奥秘。

历史老师，你知天晓地，像源源不断的汩汩小溪，引领我们怀念无限史事。

说到历史，同学们，想必我们都学过历史里的清朝统治者闭关锁国的政策吧！因为统治者的狂妄自大，导致我们国家逐渐落后，相比之下，如果我们不在学习中进步，必在闭关中落后。我们只有不断学习、不停进步，这样才能跟上时代的步伐，才不会落后于他人。

七年级的成绩已经定格在七年级。

同学们，窗外阳光依旧，微风轻抚，我们青春年少，我们风华正茂，在我们所专属的季节里，莫让大好时光从指缝里悄然滑过，让我们共同努力，奋力拼搏！用崭新的精神面貌去迎接八年级的挑战吧！

点评：

这是一篇来自一个初一同学的期末总结演讲稿。总结辞藻华丽，充满温情，将这篇总结放到最后，是想提醒读者朋友，如果希望让自己的学习更加进步，就要学会全面发展，就要学会感恩，就要学会吸取别人成功的经验，然后变为自己学习的方法。希望大家的学习像这位小同学写的那样"我们青春年少，我们风华正茂，在我们所专属的季节里，莫让大好时光从指缝里悄然滑过，让我们共同努力，奋力拼搏！"

家长必读——让孩子自信学习

张超老师：

您好！

我是一位焦急而又无奈的母亲，对于孩子的教育，迷茫得无以复加，希望得到您的帮助。

我的孩子上高一了，从小到现在，我为孩子报了钢琴、合唱、武术、轮滑、英语、围棋、国学、跆拳道、野外训练、奥术……等等的兴趣班和培训班，就是怕孩子落后在起跑线上，同时也有一种心理，就是"任何项目都是童子功更扎实，就算孩子以后不喜欢或者不搞这些，有了这些底子和基础也没有亏吃！"在我看来，在自己力所能及的范围内，尽可能的有计划地为孩子提供最好的教育资源和教育机会，这样就是对孩子的教育负责了。

虽然我自己不觉得我自己这样做有什么不好（在我看来全社会的家长都在这样做，如果我不这样做有可能就让自己的孩子落后了呀！），但是，孩子却越来越不爱学习了，连书本学习也十分反感，让我非常困惑！

一位有些迷茫的母亲

读了这个母亲的来信，让我思考良久，我很能体会父母们希望自己的孩子以后过得幸福，以后出人头地，以后光宗耀祖等等美好的愿望，也很能理解父母倾其所有给予孩子最好的一切，更能明白父母时而焦急，时而无奈，时而迷茫的心理感受……因为我也是父亲，因为我也有很多迷茫，因为我也和大家一样，很多时候面对教育理念、方式如此多元化的世界感到焦虑而无可奈何。

但是作为一名教师，作为一名与很多孩子有机会接触的授业人，作为一名对教育有所思考的教育者，面对这样的迷茫和困惑我也有一些自己的想法和观点，我认为，教育就是为了使人能够自信的自我建立。

这里面有两个问题，一个是自信问题，一个是自我建立问题。我个人认为：教育应该顺应孩子的不同发展阶段，有针对性的进行相对比较宽泛的规定，使孩子在规定范围内可以相对自由地进行自我建立，这种自我建立的基础来自于孩子自信心的创建，自信心的创建又来自于孩子自我成功体验的不断获得。也就是说，**教育者的教育应该是在了解、理解受教育者需求和情况的基础上，通过创设相关条件使受教育者不断获得自我认可的成功体验，从而逐步在教育者所设定的相对自由的规定中慢慢自省并最终完成自我建立的过程。**

为了更便于理解，这里有一些关键词需要做一些解释：

（1）孩子的发展阶段：我认为，作为生命体，每一个人（孩子）从生命本质的角度看，都有自我发展和完善的生命倾向，这种倾向在生命的不同发展阶段又有不同的侧重，教育者需要准确把握孩子不同发展阶段的特点（详见附图），然后再进行教育设计，才能有效达成教育者的预期目标。

（2）自我认可的成功体验：所谓成功体验，顾名思义就是克服困难获得成功的过程，在这个过程中，人们可以真切地感受到自我的强大和自我发展。对于教育者来说，让受教育者获得其自我认可的成功体验一定要注意以下两个重要问题：

第一，自我认可的成功体验获取过程在有些时候并不需要教育者的过多肯定，这个过程更需要其自己的认可，甚至在有些时候，教育者过多的肯定有可能会适得其反。

第二，不要过分担心受教育者因遇到困难而获得的"愁苦"，其实真正的自信来源于真正的成功体验，而真正的成功体验是来自于从困难和挫折中获得"愁苦"后，通过奋进而再次获得成功的感受，这种成功体验不但会使受教育者获得极大的满足感，更重要的是，这种真正的成功体验会使得受教育者再也不会被困难击垮、击倒，当其再次遇到困难的时候，其还会有充足的自信克服之，其实，这种自信才是真正意义上的自信。

（3）自我建立：真正的自我建立，应该是一种自我有意识的自省过程，在这个过程中，需要受教育者自己不断进行"自我释放—自我创建—自省"的循环往复，最终达到有能力平静地面对一切，平和地对待一切，宁静地享受一切的平和、自信、不受"奴役"状态。

（4）自信的真正含义：所谓自信，当然包含在成功时那种舍我其谁，勇于担当的自我肯定和气势，但真正的自信更应该是在失败、挫折、气馁的时候的那种发现希望，敢于坚持，善于创造突破的自我期冀。这两种境遇下的自信都是需要真正经历过成功、经历过"失败—成功"过程，才能够获取的，尤其是从失败中获得的自信更是难能可贵。

附图，该图可以说明以下两点：

（1）说明受教育者不同发展阶段建立的教育规定指向

（2）说明边界范围大小的相对关系

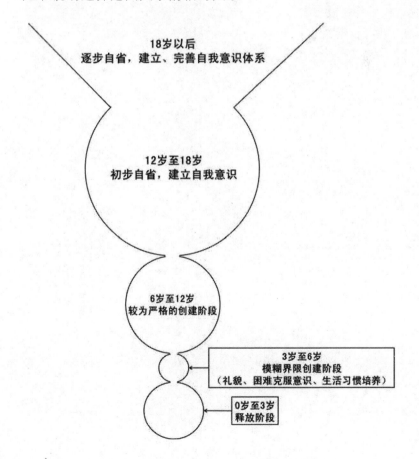

　　以上文字仅仅是我自己对于孩子教育的一些粗浅理解，记述于此，作为继续前进的阶石，以期通过以后的学习使自己更加丰富，使作为教育者的自己更为清醒。